유니티 애니메이션 에센셜

유니티 애니메이션 에센셜

유니티 C# 스크립트로 애니메이션 기초부터 고급까지

앨런 쏜 지음 | 조경빈 옮김

[PACKT] PUBLISHING   i!i 에이콘

지은이 소개

앨런 쏜 Alan Thorn

프리랜서 게임 개발자이자 저자며, 게임 업계에서 13년 이상의 경력을 쌓았다. 왁스 리리컬 게임즈Wax Lyrical Games를 설립했고, 수상작인 〈바론 위타드: 네메시스 오브 라그나로크Baron Wittard: Nemesis of Ragnarok〉를 개발했다. 또한 지금껏 10편이 넘는 비디오 강의 코스와 15권의 저서를 선보였다. 주요 저서로는 『유니티 C# 스크립팅 마스터하기』(에이콘, 2016), 『How to Cheat in Unity 5』, 『UDK Game Development』가 있으며, 영국 런던에 있는 국립영화학교National Film and Television School에서 석사 학위 과정인 게임 설계 및 개발에 대해 강의하기도 한다.

게임, 시뮬레이터, 키오스크, 기능성 게임, (게임 스튜디오나 박물관, 테마파크 등을 위한) 증강현실 소프트웨어 등 500개 이상의 프로젝트에 참여했으며, 현재는 두 개의 게임 프로젝트를 수행 중이다. 또한 그래픽, 철학, 요가, 하이킹 등에도 관심이 많다. 그에 대해 좀 더 자세히 알길 원한다면 http://www.alanthorn.net에 방문해보길 바란다.

기술 감수자 소개

아담 싱글^{Adam Single}

남편이자 아버지며, 전문적인 인디 개발자이면서 음악을 사랑하는 게이머다. 7비트 히어로^{7bit Hero}의 코더로서 호주 브리즈번에 있는 리얼 시리어스 게임즈 Real Serious Games의 프로그래머로 일하고 있으며, 슬라이 버지^{Sly Budgie}의 공동 창업자이자 프로그래머 겸 공동 디자이너다. 또한 '게임 테크놀로지 브리즈번 Game Technology Brisbane' 행사의 공동 주최자다.

2011년 전문 게임 개발자의 길을 걷기 시작한 이후 다양한 모바일 게임에 참여했으며, 그중에는 많은 인기를 얻은 안드로이드 포톤^{Photon}과 디즈니 재팬 핸드셋용 사전 설치형 게임도 포함돼 있다. 인상적인 멀티터치를 지원하는 퀸즈랜드 기술 대학^{Queensland University of Technology}의 거대한 인터랙티브 디스플레이 큐브^{Cube}를 개발한 팀의 프로그래머였는데, 이는 호주의 첫 번째 디지털 글쓰기 활동^{Digital Writing Residency}의 일환이었다. 또한 광업 및 건설업 분야에 대한 대규모 상호작용 시뮬레이션을 개발하는 리얼 시리어스 게임즈에서도 일했는데, 이 회사의 제품 중 일부는 오큘러스 리프트^{Oculus Rift}를 사용한 가상현실 기반의 솔루션이다. 이 모든 프로젝트는 유니티 게임 엔진을 사용해서 진행됐다.

최신 기술이 선사하는 독특하고 매력적인 가능성에 대한 남다른 열정을 지녔다. 슬라이 버지에서 새로운 게임 메카닉 관련 일을 하지 않을 때는 모바일 앱을 개발하면서 직접 구현한 가상현실로 다양한 실험을 하고 있으며, 흥미로운 아이디어를 7비트 히어로의 라이브 음악/멀티플레이어 게임에 적용하고 있다.

브라이언 벤젠[Bryan R. Venzen]

플로리다 탬파에서 비주얼 효과 아티스트 겸 애니메이터로 일하고 있다. 2011년 FIEA[Florida Interactive Entertainment Academy]를 졸업한 후 모바일, PC, 콘솔 게임 타이틀의 VFX와 애니메이션 작업에 참여했다. 자신이 보유한 기술과 경험을 토대로 엔비디아[NVIDIA]의 물리 엔진(PhysX), 오토데스크[Autodesk]의 3ds 맥스[3ds Max] 및 마야[Maya], 그리고 유니티[Unity]나 UDK 같은 플랫폼 또는 엔진의 레벨 구성 등 다양한 분야에 걸쳐 설계 개선과 품질 향상에 기여했다. 새로운 기술을 빠르게 받아들이고 의욕이 넘치는 팀 플레이어며 3D 패키지 게임, 게임 엔진, 툴 등 다양한 분야에 걸쳐 해박한 지식을 보유하고 있다. 문제 해결에 능할 뿐 아니라 빠른 호흡으로 진행되는 개발 환경에서 탁월한 능력을 보여주며, 항상 열정적으로 사용자에게 즐거움을 주는 콘텐츠를 개발하고 있다.

옮긴이 소개

조경빈(biny77@gmail.com)

인프라웨어에서 웹 브라우저 엔진 개발에 참여했으며 현재는 게임 개발사인 셀바스에서 신작 개발에 전념하고 있다. 형식에 얽매이기보다는 자유로움 속에서 효율을 찾는 과정에 관심이 많다. 대학 시절부터 다수의 전시회에 출품해왔으며 공모전 입상 경력이 있다. SKT T스토어 제1회 공모전 스마트폰 게임 부문에서 입상하기도 했고, 개인 자격으로 애플 앱스토어에 10개 이상의 앱을 등록해 미국 앱스토어에서 카테고리 1위에 오르는 등 다양한 실험도 해왔다. 국내 최초의 유니티 관련 서적인 『유니티 게임 엔진 한글 메뉴얼』(2010)을 번역했으며, 에이콘출판사에서 출간한 『Flash Game Development by Example 한국어판』(2011), 『모던 자바스크립트 Modern JavaScript』(2014), 『유니티 게임 AI 프로그래밍』(2015), 『RPG를 만들면서 배우는 유니티 2D 게임 개발』(2015), 『The Gourmet iOS Developer's Cookbook』(2015), 『유니티 게임 AI 프로그래밍 2판』(2016)을 번역했다.

옮긴이의 말

8비트 컴퓨터로 처음 게임을 만들던 시절, 제게 게임은 '움직이는 그림'이었습니다. 당시 '게임이 뭐 별건가. 그림이 움직이고 그게 재미있으면 게임이지.'라며 치기 어리지만 용감한 생각을 했던 기억도 납니다. 사실 게임 개발을 직업으로 삼고 있는 지금도 그때와 생각이 그리 많이 달라지지는 않았습니다. 물론 오늘날 정의하는 게임은 대표적인 첨단 복합 예술로 그 격이 많이 올라갔지만, 애니메이션 요소는 게임에서 따로 떼어 놓고 도저히 생각할 수 없는 필수적인 구성 요소임에 틀림없습니다.

보통 애니메이션이라고 하면 컴퓨터 애니메이션을 상상하지만, 애니메이션은 컴퓨터가 발명되기 이전부터 인류와 함께해온 요소입니다. 고대 인류는 동굴 벽화로 애니메이션적인 요소를 표현했습니다. 동굴 벽화로 그려졌던 자세가 단계적으로 변하는 캐릭터 그림이 발전을 거듭하며 현재의 애니메이션으로 이어진 것입니다. 또한 학창 시절에 교과서 옆면 한 귀퉁이에 조금씩 변하는 그림을 그려 넣고 책장을 빠르게 넘기며 그림 속 움직임을 즐겼던 기억도 있을 것입니다. 그것 역시 애니메이션입니다.

컴퓨터의 발전과 보급으로 게임 제작 기법도 진화를 거듭해왔고, 현재는 단순히 연속적으로 움직이는 그림을 넘어서서 기술적으로도 다양한 2D/3D 애니메이션 기법이 개발된 상태입니다. 이 책은 실제로 게임 개발에 사용할 유니티^{Unity}라는 통합 개발 도구가 제공하는 각종 애니메이션 기법을 기초적 형태부터 진화된 형태까지 차례로 설명하고 있습니다. 전통적인 2D 스프라이트 애니메이션부터 시작해 네이티브 애니메이션, 비캐릭터 애니메이션 및 캐릭터 애니메이션, 그리고 블렌드 트리, 블렌드 셰이프, 무비 텍스처에 이르기까지 고급 기법도 함께 다루므로 이 책 한 권이면 게임 개발에 필요한 대부분의 애니메이션 기법을 소화하는 데 무리가 없을 것입니다.

게임 애니메이션이라는 흥미로운 주제를 유니티 환경에서 구현하는 방법을 다룬 이 책의 번역을 맡은 일은 제게는 영광스러운 경험이었습니다. 또한 유니티 환경을 이용하는 게임 개발자에게 애니메이션 제작의 기초를 탄탄하게 다져줄 좋은 책을 소개하게 돼 기분이 좋습니다. 이런 좋은 기회를 주신 에이콘출판사 권성준 사장님을 비롯한 이 책의 출간 과정에서 애써주신 모든 분들께 진심으로 감사합니다. 그리고 무엇보다 이 책을 선택해 지금 이 글을 읽고 있는 독자 여러분에게 진심으로 고맙습니다. 부디 이 책이 유니티를 활용한 애니메이션 제작의 기초를 다지는 데 큰 도움이 되길 희망합니다.

차례

들어가며

애니메이션은 우주선을 이동시키는 간단한 형태부터 표정 애니메이션처럼 복잡한 형태까지 게임 개발에서 없어서는 안 될 매우 중요한 역할을 담당한다. 일정 수준의 애니메이션을 활용하지 않는다면 인터랙티브한 경험을 주는 게임을 만드는 것은 불가능에 가깝다. 이 책에서는 유니티가 제공하는 실시간 애니메이션에 관해 하나씩 살펴볼 것이며, 독자들이 유니티 애니메이션에 관한 사전 지식이 전혀 없다는 가정을 바탕으로 설명을 진행할 예정이다. 다만 유니티에 대한 기본 지식과 C#에 대한 기본적인 이해는 충분히 갖췄다고 가정한다. 이런 지식을 밑바탕으로 해서 실전에 적용할 수 있는 예제를 통해 기능을 하나씩 살펴보자.

이 책에서 다루는 내용

1장. 애니메이션의 기초 애니메이션의 핵심 개념과 스크립트를 비롯한 유니티가 제공하는 다양한 애니메이션의 적용 사례를 소개한다. 델타타임^{deltaTime}과 애니메이션 커브, 그리고 메시 UV 애니메이션에 관해서도 살펴본다. 또한 앞으로 소개할 내용에 관한 전반적인 개요를 주로 다룬다.

2장. 스프라이트 애니메이션 2D 애니메이션에 관해 살펴본다. 2D에서 많이 사용하는 스프라이트^{Sprite} 기능과 플립 북$^{flip-book}$ 텍스처, 평면 애니메이션을 주로 다룬다. 유니티 스프라이트 에디터, 애니메이션 프레임, 프레임 레이트 등과 흔히 발생하는 문제의 해결 방법까지 살펴본다.

3장. 네이티브 애니메이션 애니메이션^{Animation} 창과 파티클^{Particle} 시스템을 사용해 2D와 3D 게임에 적용할 수 있는 좀 더 일반적인 유니티 애니메이션을 다루며, 유용한 두 개의 실전 예제를 통해 구체적인 내용을 살펴본다. 이를 위해 판타지 게임에서 아주 흔히 사용하는 기법인 파티클 시스템을 구현할 것이다. 카메라가 날아가며 이동하는 연출을 만들고, 먼지나 반딧불 등의 파티클 시스템을 만들어본다.

4장. 메카님 비캐릭터 애니메이션 유니티의 대표 기능인 메카님^{Mecanim}을 살펴본다. 메카님은 주로 캐릭터와 관련해 좀 더 고급스럽고 부드러운 애니메이션을 가능하게 해주는 기능을 합친 형태를 말한다. 메카님을 활용해 버튼을 누르면 문이 열리는 다소 특수한 형태를 만들어본다.

5장. 캐릭터 애니메이션의 기초 리깅^{Rigging} 캐릭터 애니메이션을 살펴보며 실시간 인간 체형 애니메이션에 관해 다룬다. 리깅 캐릭터를 불러오는 방법과 이를 애니메이션에 최적화된 형태로 설정하는 방법도 살펴본다.

6장. 고급 캐릭터 애니메이션 5장의 연장선에 있는 내용을 다룬다. 설정된 캐릭터를 유니티로 불러온 후 플레이어가 제어하는 대로 애니메이션이 반응하도록 해볼 것이다. 이 캐릭터는 휴식 애니메이션과 (걷기와 뛰기, 방향 전환 등의) 이동하는 애니메이션을 지원한다.

7장. 블렌드 셰이프, IK, 무비 텍스처 표정 애니메이션이나 모프^{Morph} 모션에 사용하는 블렌드 셰이프^{Blend Shape}, 실시간으로 캐릭터의 팔이나 손의 위치를 조정할 때 사용하는 인버스 키네마틱^{inverse kinematic}, 영상 파일을 텍스처로 사용하는 무비 텍스처^{Movie Texture} 등의 주제를 다룬다.

준비 사항

이 책의 각 장은 실전에서 활용할 수 있는 애니메이션 프로젝트로 구성되며, 완성된 프로젝트 파일을 다운로드해서 사용할 수도 있다. 이 책과 독자의 집중력 외에 유일하게 필요한 준비물은 유니티다. 이 책은 유니티 5를 기준으로 한다. 유니티 5는 웹사이트(https://unity3d.com/)에서 개인용 버전을 무료로 다운로드해 사용할 수 있다. 유니티와 더불어 리깅된 캐릭터 모델과 기타 3D 애셋을 활용하려면 3ds 맥스나 마야, 블렌더 같은 3D 모델링 및 애니메이션 소프트웨어가 필요하다. 블렌더는 http://www.blender.org/에서 무료로 다운로드해 사용할 수 있다. 다만 이 책에서는 이런 모델링 소프트웨어 자체에 대한 내용은 다루지 않는다.

이 책의 대상 독자

기본적인 유니티 관련 지식을 갖춘 후 실시간 애니메이션 지식을 확장하고자 하는 독자를 대상으로 한다. 이 책은 독자가 유니티로 간단한 예제 정도는 쉽게 만들 수 있다고 전제한다. 특히 메카님 같은 기능을 활용해 쉽고 효율적으로 사실적인 애니메이션을 만드는 방법을 주로 다룬다.

편집 규약

이 책에서는 독자의 이해를 돕고자 다루는 정보에 따라 글꼴 스타일을 다르게 적용했다. 이러한 스타일의 예와 의미는 다음과 같다.

텍스트에서 코드 단어는 다음과 같이 표기한다.

"기본적으로 모든 새로운 스크립트는 두 개의 함수 Start와 Update를 가지고 생성된다."

코드 블록은 다음과 같이 표기한다.

```
using UnityEngine;
using System.Collections;
public class MoviePlay : MonoBehaviour
{
    // 재생할 영상에 대한 참조
    public MovieTexture Movie = null;
    // 초기화에 사용
    void Start ()
    {
        // Mesh Renderer 컴포넌트 얻기
        MeshRenderer MeshR = GetComponent<MeshRenderer>();
        // 무비 텍스처 지정
        MeshR.material.mainTexture = Movie;
        GetComponent<AudioSource>().clip = Movie.audioClip;
        GetComponent<AudioSource>().spatialBlend=0;
        Movie.Play();
        GetComponent<AudioSource>().Play();
    }
}
```

코드 블록에서 유의해야 할 부분이 있다면 다음과 같이 굵은 글꼴로 표기한다.

```
using UnityEngine;
using System.Collections;
public class Mover : MonoBehaviour
{
  // 초기화에 사용
  void Start () {
  }
  // 매 프레임 Update 호출
  void Update ()
  {
    // 이 오브젝트의 Transform 컴포넌트
    Transform ThisTransform = GetComponent<Transform>();
    // x축 위치에 1 추가
    ThisTransform.position += new Vector3(1f,0f,0f);
  }
}
```

화면상에 표시되는 메뉴나 버튼은 다음과 같이 표기한다. "일단 커브를 생성하면 유니티 프로젝트를 실행한 후 그 효과를 Game 탭에서 확인하자."

 경고나 중요한 노트는 이와 같이 나타낸다.

 팁과 요령은 이와 같이 나타낸다.

독자 의견

독자로부터의 피드백은 항상 환영이다. 이 책에 대해 무엇이 좋았는지 또는 좋지 않았는지 소감을 알려주길 바란다. 독자 피드백은 독자에게 필요한 주제를 개발하는 데 매우 중요하다. 일반적인 피드백을 우리에게 보낼 때는 간단하게 feedback@packtpub.com으로 이메일을 보내면 되고, 메시지의 제목에 책 이름을 적으면 된다. 여러분이 전문 지식을 가진 주제가 있고, 책을 내거나 책을 만드는 데 기여하고 싶다면 www.packtpub.com/authors에서 저자 가이드를 참조하길 바란다.

고객 지원

팩트출판사의 구매자가 된 독자에게 도움이 되는 몇 가지를 제공하고자 한다.

예제 코드 다운로드

이 책에 사용된 예제 코드는 http://www.packtpub.com의 계정을 통해 다운로드할 수 있다. 다른 곳에서 구매한 경우에는 http://www.packtpub.com/support를 방문해 등록하면 파일을 이메일로 직접 받을 수 있다. 또한 에이콘출판사의 도서정보 페이지인 http://www.acornpub.co.kr/book/unity-ani-essentials에서도 예제 코드를 다운로드할 수 있다.

컬러 이미지 다운로드

이 책에서 사용된 스크린샷/다이어그램의 컬러 이미지를 PDF 파일로 제공한다. 컬러 이미지는 출력 결과의 변화를 이해하는 데 큰 도움이 될 것이다. 에이콘출판사의 도서정보 페이지인 http://www.acornpub.co.kr/book/unity-ani-essentials에서 컬러 이미지를 다운로드할 수 있다.

정오표

내용을 정확하게 전달하기 위해 최선을 다했지만, 실수가 있을 수 있다. 팩트 출판사의 도서에서 문장이든 코드든 간에 문제를 발견해 알려준다면 매우 감사하게 생각할 것이다. 그런 참여를 통해 그 밖의 독자에게 도움을 주고, 다음 버전의 도서를 더 완성도 높게 만들 수 있다. 오탈자를 발견한다면 http://www.packtpub.com/submit-errata를 방문해 책을 선택하고, 구체적인 내용을 입력해주길 바란다. 보내준 오류 내용이 확인되면 웹사이트에 그 내용이 올라가거나 해당 서적의 정오표 부분에 그 내용이 추가될 것이다.

http://www.packtpub.com/support에서 해당 도서명을 선택하면 기존 정오표를 확인할 수 있다. 한국어판은 에이콘출판사 도서정보 페이지 http://www.acornpub.co.kr/book/unity-ani-essentials에서 찾아볼 수 있다.

저작권 침해

인터넷에서의 저작권 침해는 모든 매체에서 벌어지고 있는 심각한 문제다. 팩트출판사에서는 저작권과 사용권 문제를 아주 심각하게 인식한다. 어떤 형태로든 팩트출판사 서적의 불법 복제물을 인터넷에서 발견한다면 적절한 조치를 취할 수 있도록 해당 주소나 사이트명을 알려주길 부탁한다.

의심되는 불법 복제물의 링크는 copyright@packtpub.com으로 보내주길 바란다. 저자와 더 좋은 책을 위한 팩트출판사의 노력을 배려하는 마음에 깊은 감사의 뜻을 전한다.

질문

이 책과 관련해 질문이 있다면 questions@packtpub.com으로 문의하길 바란다. 최선을 다해 질문에 답하겠다. 한국어판에 관한 질문은 이 책의 옮긴이나 에이콘출판사 편집 팀(editor@acornpub.co.kr)으로 문의해주길 바란다.

1

애니메이션의 기초

유니티가 제공하는 애니메이션 세계로의 여행을 환영한다. 게임 개발에서 애니메이션은 매우 중요한 요소다. 애니메이션이 없으면 게임 세계는 매우 정적이고 생명력을 잃은 것처럼 느껴지며 지루하다. 일부 예외도 있겠지만 대부분의 게임이 이에 해당한다. 문은 열려야 하고 캐릭터는 이동할 수 있어야 하며, 나뭇잎은 바람에 흔들려야 하고 반짝거리는 입자들은 터지거나 빛을 내야 한다. 당연한 이야기지만 애니메이션을 잘 다루는 것은 개발자에게 필수적인 기술이며, 특히 게임 개발 영역에서는 모든 팀 구성원에게 매우 중요한 주제가 된다. 아티스트나 애니메이터는 물론이고 프로그래머나 사운드 디자이너, 레벨 디자이너에게도 애니메이션은 중요한 요소다. 이 책은 대부분의 개발자에게 의미 있는 내용을 다루며, 유니티를 사용해서 개발하는 실시간 게임에 애니메이션을 적용할 때 필요한 내용을 빠르고 효과적으로 전달한다. 이 책을 마칠 때쯤이면 애니메이션에 자신감이 생길 것이다. 개발 중인 게임에 효과적인 애니메이션을 적용하는 기술을 갖추는 것은 물론, 앞으로 어떤 방향으로 지식을 확장해 나가야 하는지에 대해서도 알게 되리라 생각한다. 그러기 위해 일단 가장 기초적인 내용부터 차근차근 살펴보자. 1장에서는 애니메이션의 기초 개념을 설명한다.

애니메이션의 이해

가장 기본적인 수준에서 볼 때 애니메이션은 특별한 두 속성과 관련이 있다. 하나는 변화고, 나머지는 시간이다. 기술적으로 애니메이션은 시간에 따른 변화를 말한다. 시간에 따른 변화는 자동차의 위치일 수도 있고 신호등 색의 변화일 수도 있다. 따라서 모든 애니메이션은 전체 변화에 걸리는 시간이 정해져 있으며 특정 순간에 변화가 발생한다.

정의만으로는 애니메이션이 갖는 미적인 요소를 전달하기에 다소 딱딱할 뿐 아니라 기술적으로 들릴 수도 있다. 하지만 매우 중요하고 명확한 정의임은 분명하다. 애니메이션을 사용하면 게임의 분위기나 환경, 게임월드의 변화 등을 효과적으로 표현할 수 있다. 시간에 따른 변화라는 기초적인 전제를 이해한 상태에서 좀 더 구체적인 핵심 용어를 살펴볼 예정이다. 물론 이미 잘 알고 있는 용어일 수도 있지만 좀 더 형식적인 정의를 살펴보자.

프레임

애니메이션에서 시간은 반드시 변화가 일어날 수 있는 구체적인 단위로 나뉘어야 하는데, 이 단위를 프레임이라 부른다. 시간은 본질적으로 연속적이며 나눌 수 없는 양으로, 초 단위로 나누고 다시 밀리초 단위로 나누더라도 무한히 더 작은 단위로 나눌 수 있다. 반면에 순간^{moment}이나 이벤트^{event}는 사람들이 만들어낸 구체적인 요소로, 실제로 사람들이 시간을 이해하는 형태다. 시간과 달리 순간은 더 작은 단위로 나눌 수 없으며, 순간이나 프레임 내에서 사건이 발생하는 개념이다. 프레임은 속성 변화의 기회다. 예를 들면, 문이 열린다거나 캐릭터가 이동한다거나 색상이 변한다거나 하는 변화를 말한다. 특히 비디오 게임 애니메이션에서는 초당 특정 수의 프레임을 가지는 형태가 일반적인데, 초당 표현할 수 있는 프레임의 수는 컴퓨터의 성능에 따라 달라진다. 초당 보여주는 프레임의 수는 FPS[frames per second]라고 부르며 종종 게임의 성능을 측정하는 지표가 된다. 일반적으로 프레임 수가 낮으면 전체적인 성능이 떨어지기 때문이다. 다음 그림을 통해 프레임의 개념을 이해하자.

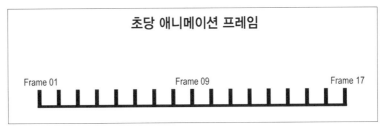

프레임으로 나뉜 시간

키 프레임

프레임이 변화의 기회이기는 하지만 매 프레임마다 변화가 발생하지는 않는다. 1초에도 다수의 프레임이 존재하는데 매 프레임마다 변화가 일어날 필요는 없다. 사실 매 프레임마다 변화를 구성하는 일은 애니메이터에게 매우 힘든 작업이다. 컴퓨터 애니메이션은 기존에 수작업으로 하던 애니메이션과 비교할 때 매우 편리한 점이 많다. 프레임 중간마다 중요한 프레임을 정의하면 그 사이의 프레임을 자동으로 컴퓨터가 생성해준다. 간단한 애니메이션 예로, 경첩에 의해 90도로 열리는 침실 문을 생각해보자. 이 애니메이션은 문이 닫힌 위치에서 시작해 열린 위치에서 끝난다. 이때 열린 상태와 닫힌 상태 두 가지를 정의하고 각 상태는 애니메이션 시퀀스의 시작과 끝을 표시하는데, 이를 키 프레임이라고 부른다. 애니메이션 내에서 중요한 순간을 정의하기 때문에 붙여진 이름이다. 키 프레임을 기반으로 유니티가 키 프레임 사이의 프레임(트윈)을 자동 생성해 부드럽게 문이 회전하는 모습을 보여준다. 인터폴레이션interpolation은 트윈을 생성하는 수학적인 과정을 가리키는 용어다. 다음 그림을 보면 키 프레임 사이에서 프레임이 생성되는 모습을 볼 수 있다.

인터폴레이션을 사용해 키 프레임 사이의 트윈이 생성된다.

애니메이션 타입

이전 절은 일반적인 애니메이션의 기초 개념을 다루며 변화, 시간, 프레임, 키 프레임, 트윈, 인터폴레이션 등을 살펴봤다. 이 내용을 토대로 비디오 게임에서 사용하는 몇 종류의 애니메이션을 기술적 관점에서 살펴보자. 기본 개념은 변하지 않지만 다양한 형태로 응용된다. 이런 애니메이션 타입은 유니티에서 중요한데, 각 타입마다 작업의 순서와 사용할 기법이 달라지기 때문이다. 애니메이션 타입을 하나씩 차례로 살펴보자.

강체 애니메이션

강체 애니메이션은 사전에 정의된 애니메이션 시퀀스를 생성하는 데 사용한다. 주로 오브젝트는 그 자체가 이동하거나 변화하는 형태다. 길을 따라 달려

가는 자동차나 경첩에 의해 열리는 문, 우주 공간을 날아가는 우주선, 빌딩 아래로 추락하는 피아노 등이 이런 애니메이션에 해당한다. 이 예시들은 모두 하나의 덩어리라는 중요한 특징을 가진다. 달리 말하면, 문이 닫힌 상태에서 열린 상태로 변한다고 해도 결국 문이라는 사실은 변하지 않으며 호랑이나 사자로 변하지 않는다. 폭발하거나 젤리로 변하지도 않고 녹아버리지도 않는다. 오로지 위치, 회전, 스케일만 변할 뿐이다. 따라서 강체 애니메이션은 키 프레임에 걸쳐 변할 때 오브젝트의 위치정보 같은 최상위 속성만 바뀐다. 이런 종류의 애니메이션은 유니티 애니메이션 에디터에서 직접 정의할 수도 있고, 3D 애니메이션 소프트웨어(마야, 맥스, 블렌더 등)에서 정의한 후 메시 파일을 통해 유니티로 불러올 수도 있다. 3장, '네이티브 애니메이션'에서는 강체 애니메이션을 좀 더 자세히 다룰 예정이다.

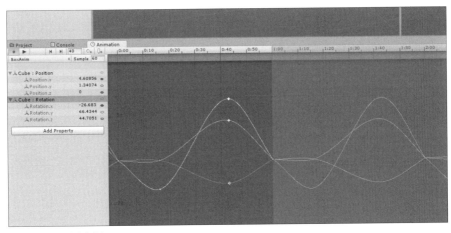

강체 키 프레임 애니메이션

리그드 또는 본 기반 애니메이션

만일 사람 같은 캐릭터나 동물, 육식성 물고기 또는 폭발하거나 형태가 변하는 오브젝트의 애니메이션을 처리할 때는 강체 애니메이션만 가지고 처리할 수 없다. 이때 필요한 방식이 본^{bone} 기반 애니메이션(리그드^{Rigged} 애니메이션이라고도 부름)이다. 이런 종류의 애니메이션은 위치나 회전, 스케일을 변화시키지 않는다. 대신 키 프레임에 걸쳐 내부의 일부를 이동하거나 형태를 변경한다. 이를 위해 아티스트가 메시의 뼈대를 구성해 내부 구조를 기하학적으로 쉽게 조작할 수 있도록 만드는 작업을 한다. 이렇게 하면 팔과 다리, 머리 회전, 입의 움직임 등을 쉽게 조작 가능해진다. 일반적으로 본 기반 애니메이션은 3D 모델링 소프트웨어에서 완전한 애니메이션 시퀀스를 작업하고 메시 파일 형태로 유니티에 임포트한다. 이때 유니티의 애니메이션 시스템인 메카님^{Mecanim}을 통해 접근과 처리가 이뤄진다. 5장, 6장, 7장에서 좀 더 자세하게 본 기반 애니메이션을 다룰 예정이다.

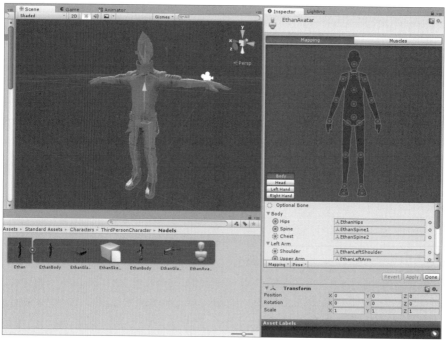

본 기반 애니메이션은 캐릭터 메시에 유용하다.

스프라이트 애니메이션

2D 게임, 그래픽 사용자 인터페이스, 3D에 사용되는 다양한 특수효과(물 텍스처 등) 등에서 종종 애니메이션이 있는 텍스처를 가진 평면이 필요할 때가 있다. 이때 오브젝트는 강체 애니메이션을 사용해서 움직이는 것도 아니고, 리그드 애니메이션을 사용해서 내부 파츠가 변하는 것도 아니다. 대신 텍스처 자체가 애니메이션된다. 이런 형태의 애니메이션을 스프라이트 애니메이션이라고 부른다. 이미지나 프레임을 일정한 프레임 레이트로 순차 재생해 애니메이션 효과를 얻는 방식이다. 예를 들면 2D 횡 스크롤 게임에서 캐릭터가 걸어가는 모습 등을 상상할 수 있다. 이와 관련해 2장에서 좀 더 자세한 내용을 다룰 예정이다.

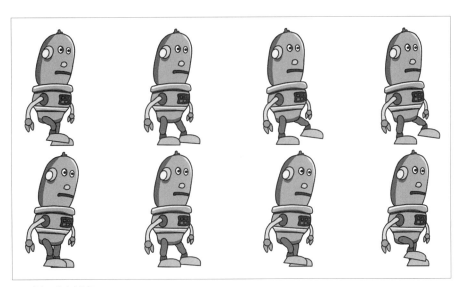

스프라이트 애니메이션

물리 기반 애니메이션

대체적인 상황에서는 애니메이션을 미리 정의해둘 수 있다. 예를 들면 걷는 동작이라거나 문이 열리는 동작, 폭발하는 모습 등을 떠올릴 수 있다. 하지만 때로는 플레이어의 행동이나 월드 내에서 일어나는 변화에 동적으로 대응하는 애니메이션도 필요하다. 이럴 때 사용할 수 있는 유용한 툴이 바로 유니티 물리 시스템으로, 오브젝트에 연결하기 위한 컴포넌트들과 다양한 데이터를 포함하고 있다. 한 예로, 중력에 의해 낙하하면서 옷이 바람에 이리저리 흔들리는 애니메이션 등을 처리할 때 적용할 수 있다.

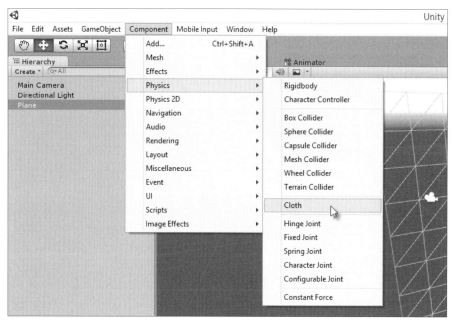

물리 애니메이션

예제 코드 다운로드

이 책에 사용된 예제 코드는 http://www.packtpub.com의 계정을 통해 다운로드할 수 있다. 다른 곳에서 구매한 경우에는 http://www.packtpub.com/support를 방문해 등록하면 파일을 이메일로 직접 받을 수 있다. 또한 에이콘출판사의 도서정보 페이지인 http://www.acornpub.co.kr/book/unity-ani-essentials에서도 예제 코드를 다운로드할 수 있다.

모프 애니메이션

지금까지 다룬 애니메이션 외에 모프^{Morph} 애니메이션이라는 것도 있다. 사람을 늑대인간으로, 두꺼비를 공주로, 초콜릿바를 성으로 변신시킬 때 모프 애니메이션이 필요하다. 이를 위해서는 프레임마다 메시의 상태를 구부리거나 부드럽게 합쳐야 하는데, 이런 방식의 애니메이션을 모프 애니메이션 또는 블렌드 셰이프라고 부른다. 기본적으로 이 방식은 애니메이션 키 프레임 사이 메시 버텍스들의 스냅샷에 의존하며 트윈을 통해 두 상태를 조합한다. 이 방식의 단점은 연산 비용이 비싸다는 것이다. 하지만 매우 인상적이고 사실적인 효과를 내는 장점도 가지고 있다. 좀 더 자세한 내용은 7장, '블렌드 셰이프, IK, 무비 텍스처'에서 살펴볼 예정이다. 다음 스크린샷은 블렌드 셰이프의 효과를 보여준다.

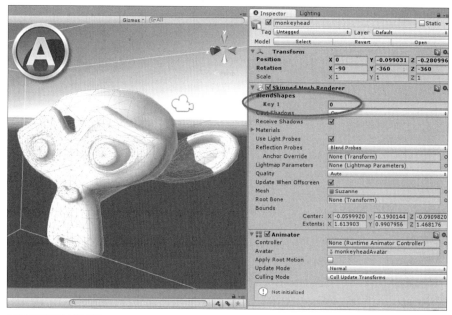

모프 애니메이션 시작 상태

BlendShapes 트랜지션은 모델의 상태를 변경한다. 다음 그림은 최종 상태다.

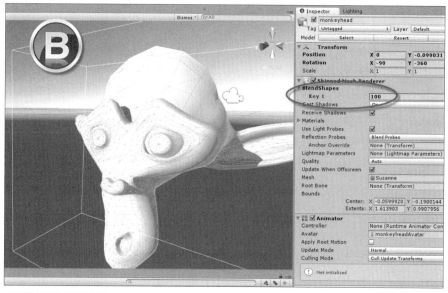

모프 애니메이션 마지막 상태

비디오 애니메이션

유니티가 제공하는 애니메이션 기능 중 가장 덜 알려진 것은 아마도 데스크톱 플랫폼에서 애니메이션 텍스처로 비디오 파일을 재생하는 형태나 iOS 또는 안드로이드 같은 모바일 기기에서 풀스크린 영상을 재생하는 형태일 것이다. 유니티는 OGV$^{Ogg\ Theora\ video}$를 애셋으로 사용할 수 있으며, 이 파일의 비디오와 사운드를 씬 내의 메시 오브젝트에 애니메이션 텍스처로 사용해 반복시킬 수 있다. 이 기능을 사용하면 모든 애니메이션 패키지로부터 직접 게임으로 미리 렌더링된 비디오 파일 출력을 재생할 수 있다.

이 기능은 강력하고 유연하지만, 성능에 영향을 받는다. 7장, '블렌드 셰이프, IK, 무비 텍스처'에서 비디오 애니메이션과 관련해 좀 더 자세한 내용을 다룰 예정이다.

비디오 파일 애니메이션

파티클 애니메이션

지금까지 다룬 대부분의 애니메이션은 씬 내에서 실제 인지 가능한 스프라이트나 메시 같은 오브젝트를 대상으로 한다. 하지만 때론 형체를 갖지 않는 연기나 불꽃, 거품, 스파클, 스모그, 불꽃놀이, 구름 등의 애니메이션을 처리해야한다. 이를 위해서는 파티클 애니메이션을 사용해야 한다. 3장, '네이티브 애니메이션'에서 보겠지만, 파티클 시스템을 사용하면 눈이나 비가 내리는 효과, 새떼의 움직임 등을 자연스럽게 처리할 수 있다. 다음은 파티클 시스템을 적용한 모습이다.

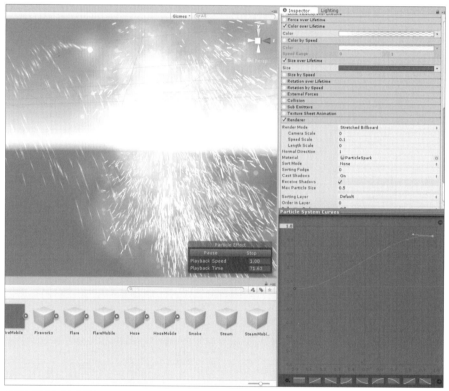

파티클 시스템 애니메이션

프로그래밍 애니메이션

다양한 애니메이션 기법 중 의외로 가장 일반적인 형태는 프로그래밍 애니메이션 또는 동적 애니메이션이다. 사용자의 제어에 의해 우주를 떠다니는 우주선이나 돌아다니는 캐릭터, 다가갔을 때 열리는 문 등을 구현하기 위해서는 프로그래밍 애니메이션이 필요하다. 프로그래밍 애니메이션이란 프로그래머가 사전에 지정한 규칙을 바탕으로 시간의 흐름에 따라 속성을 변화시키는 형태로 애니메이션 효과를 만드는 방식을 말한다. 다른 애니메이션과 달리 프로그래밍 애니메이션은 아티스트 또는 애니메이터에 의해 미리 제작하지 않으며, 프로그래머에 의해 런타임에 조건과 변수에 따라 유연하게 처리된다. 물론 많은 경우 사전에 아티스트나 애니메이터가 애니메이션을 만든 후 조건에 따라 런타임에 애니메이션을 실행시키는 방식을 사용한다. 프로그래밍 애니메이션 방식에 대해서는 뒤에서 좀 더 자세히 다룰 예정이다.

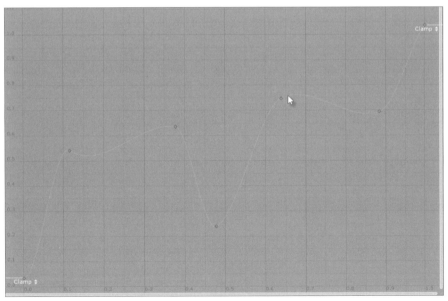

스크립트로 제어하는 프로그래밍 애니메이션

코드를 사용한 애니메이션: 물체 이동

코드를 사용한 애니메이션은 핵심 개념을 이해하는 데 도움이 되므로 먼저 살펴보자. 앞으로 사용할 언어는 C# 스크립트지만, 이 책이 다루려고 하는 핵심은 애니메이션 자체이므로 코딩과 관련한 내용은 별도로 설명하지 않는다. 따라서 언어에 대한 기본적인 이해는 필요하다. 만일 C#에 아직 익숙지 않다면, 비디오 영상 'C# For Unity Developers'(http://3dmotive.com/)와 팩트 출판사의 책 『C#으로 하는 유니티 게임 개발』(에이콘, 2014)을 추천한다.

다음 몇 개 절을 마치고 나면, 한 방향으로 일정한 속도로 움직이는 게임오브젝트(예를 들면, 우주선 같은)를 생성하게 된다. 일단 Project 패널에서 오른쪽 클릭을 하고 컨텍스트 메뉴에서 Create ➤ C# Script를 선택해 새 스크립트 파일을 만들자. 또는 다음 스크린샷처럼 메뉴에서 Assets ➤ Create ➤ C# Script를 선택해도 된다. 파일 이름은 Mover.cs라고 정하자. 이 스크립트는 이동하는 모든 오브젝트에 연결할 예정이다.

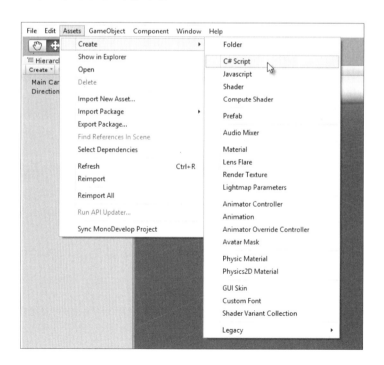

Project 패널에서 스크립트 파일을 더블 클릭해 모노디벨롭^{MonoDevelop}에서 열자. 기본적으로 모든 스크립트는 두 개의 함수 Start와 Update를 가진다. Update 함수는 프레임과 프레임 레이트에 관련이 있으므로 애니메이션 처리에 특별한 의미를 갖는다. 이 함수는 실행 중 매 프레임마다 호출된다. 예를 들어 FPS가 70이라면 각 오브젝트의 Update 함수가 초당 70회 호출된다는 의미다. 시간의 흐름에 따라 오브젝트의 속성을 조정해야 하는 애니메이션의 특성상 Update 함수는 매우 중요하다.

Update 함수는 매 프레임마다 호출된다.

오브젝트를 움직이기 위해 다음 코드처럼 Update 함수를 작성하자. 오브젝트의 트랜스폼 컴포넌트에 접근해 현재 위치를 x축 방향으로 매 프레임마다 1 유닛(미터) 증가시킨다.

예제 코드 1-1: 오브젝트 이동

```
using UnityEngine;
using System.Collections;
```

```
public class Mover : MonoBehaviour
{
  // 초기화에 사용
  void Start () {
  }


  // 매 프레임 1회 호출됨
  void Update ()
  {
    // 이 오브젝트의 Transform 컴포넌트
    Transform ThisTransform = GetComponent<Transform>();


    // x축 방향으로 1 증가
    ThisTransform.position += new Vector3(1f,0f,0f);
  }
}
```

아직 테스트를 해보지 못했다면 스크립트 파일을 씬에 있는 오브젝트에 끌어
다 놓고 **Play** 버튼을 누른다. 뷰의 상태에 따라 오브젝트가 너무 빠르게 이동
할 수도 있다. 카메라의 위치를 적당히 잘 조절하면 x축 방향으로 부드럽게
이동하는 오브젝트를 확인할 수 있다.

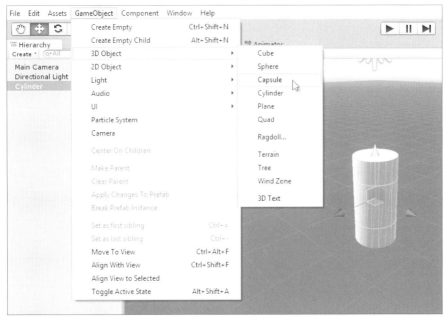

씬 내에 있는 오브젝트에 Mover 스크립트 추가

일정한 애니메이션: 속도, 시간, 델타타임

예제 1-1의 코드는 잘 동작하지만, 중요한 문제가 하나 있다. 실행시켜보면 알 수 있듯이, 오브젝트는 x축 방향으로 매 프레임 Update가 호출될 때마다 1 유닛씩 이동한다. 이는 서로 성능이 다른 컴퓨터에서 잠재적인 문제를 가지며, 심지어 동일한 컴퓨터에서도 시간이 지남에 따라 달라질 수 있다. 이는 사람마다 각기 다른 사용자 경험을 하게 된다는 말과 같다. 예를 들면 초당 70 프레임이 나오는 컴퓨터에서는 초당 70유닛을 이동하는 반면, 초당 90프레임이 나오는 컴퓨터에서는 초당 90유닛만큼 이동한다. 모든 사용자에게 동일한 사용자 경험을 제공하지 못한다는 것은 분명 좋지 않다. 특히 동기화가 중요한 멀티플레이어 게임에서 이는 치명적이다. 이 문제를 해결하기 위해서는 속도와 시간의 관점에서 특별한 고려가 필요하다.

시간의 흐름에 따른 오브젝트의 이동 거리를 계산하기 위해서는 속도-거리-시간 공식을 사용해야 한다. 이동한 거리 = 속도 × 시간으로 계산할 수 있다. 예를 들어, 초당 10미터를 이동하는 오브젝트가 5초 동안 이동하면 50미터를 갈 수 있다. 이런 방식을 사용하면 프레임 레이트에 영향을 받지 않는다. 쉽게 말하면 초당 호출되는 Update 함수의 횟수에 영향을 받지 않는다는 의미며 대신 시간의 영향만 받게 된다. 시간은 어느 컴퓨터에서나 일정하게 흐른다. 코드를 구현하려면 deltaTime 변수가 필요하다. 예제 코드 1-1을 개선한 예제 코드 1-2를 참고하자.

예제 코드 1-2: 오브젝트의 속도 설정

```
using UnityEngine;
using System.Collections;

public class Mover : MonoBehaviour
{
  // 초당 이동하는 양(미터)
  public float Speed = 1f;

  // Update 함수는 매 프레임 호출됨
  void Update ()
  {
    // 이 오브젝트의 Transform 컴포넌트
    Transform ThisTransform = GetComponent<Transform>();

    // X축 위치를 초당 1미터씩 증가
    ThisTransform.position += new Vector3(Speed * Time.deltaTime,0f,0f);
  }
}
```

deltaTime 변수는 네이티브 유니티 변수로 매 프레임마다 갱신되며 Time 클래스의 일부다. 매 프레임마다 이전 프레임으로부터 얼마큼의 시간이 흘렀는지를 알려주는 것이다. 따라서 deltaTime이 0.5라면 마지막 Update 함수가 호출된 지 0.5초 만에 다시 Update 함수가 호출됐다는 의미다. 이 정보를 활용하면 프레임 레이트에 무관하게 일정한 속도를 구현할 수 있다. 이제 이 코드를 에디터에 입력하고 달라진 동작을 확인해보자. 이제는 모든 컴퓨터에서 동일한 속도로 오브젝트가 이동한다.

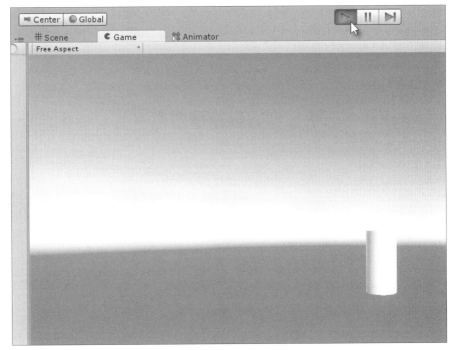

Play를 눌러 새 코드를 테스트하자.

특정 방향으로의 이동

예제 코드 1-2를 사용하면 오브젝트를 x축으로 일정한 속도로 이동시킬 수 있다. 그럼 다른 방향으로 이동시키려면 어떻게 해야 할까? y축이나 z축 방향으로의 이동은 간단히 처리할 수 있다. 그렇다면 임의의 방향, 예를 들어 사선 방향으로의 이동을 처리하려면 어떻게 해야 할까? 이를 위해서는 벡터가 필요하다. 벡터는 세 개로 구성된 숫자로 (x, y, z)와 같은 형식을 가지며 방향을 표현할 수 있다. 예를 들어, (0, 1, 0)은 위쪽을 의미하며 (0, 0, 1)은 앞쪽을 의미한다. 위아래 축이 y고 앞뒤 축이 z이기 때문이다.

예제 코드 1-3: 방향 제어

```
using UnityEngine;
using System.Collections;

public class Mover : MonoBehaviour
{
  // 초당 이동한 거리(미터)
  public float Speed = 1f;

  // 이동할 방향
  public Vector3 Direction = Vector3.zero;

  // Update는 매 프레임 호출된다
  void Update ()
  {
    // 이 오브젝트의 Transform 컴포넌트
    Transform ThisTransform = GetComponent<Transform>();

    // 속도에 따라 특정 방향으로의 위치 갱신
```

```
      ThisTransform.position += Direction.normalized * Speed * Time.
deltaTime;
   }
}
```

이제 씬 내에 있는 오브젝트로 돌아가자. 오브젝트 인스펙터를 보면 Direction 변수가 있는데, 이 값을 조절하면 이동할 방향을 결정할 수 있다. x 축으로 이동시키려면 (1, 0, 0) 또는 (-1, 0, 0)으로 설정하고 나머지 축도 마찬가지로 처리한다. 사선으로 이동시키려면 (1, 1, 1)로 설정한다.

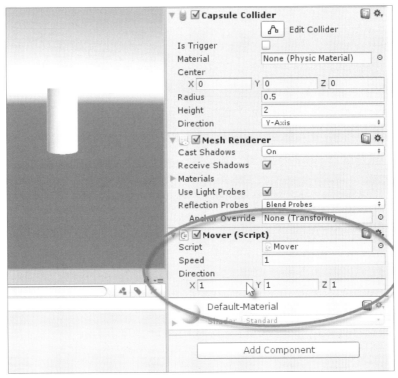

Mover 스크립트를 위한 방향 설정

이 유니티 프로젝트는 책과 함께 배포된 파일의 Chapter01/Moving Object 폴더에서 찾을 수 있다.

애니메이션 커브를 사용한 트윈 구현

직선 방향을 일정한 속도로 이동한다면 예제 코드 1-3으로 충분하지만, 애니메이션을 적용할 경우에는 커브 경로를 따라 이동해야 할 때가 많다. 또는 일정한 속도가 아닌 가변 속도로 이동해야 할 때도 있다. 이런 상황에서는 애니메이션 커브를 사용할 수 있다. 애니메이션 커브는 특별한 오브젝트로 애니메이션을 위한 트윈을 정의하는 커브를 구성하고 키 프레임 간에 오브젝트 변화를 제어할 수 있도록 해준다. 애니메이션 커브는 유니티 프로에서만 사용할 수 있다. 예제 코드 1-4를 보면 애니메이션 커브를 사용해서 시간의 흐름에 따라 오브젝트의 속도를 변화시키는 것을 확인할 수 있다.

 애니메이션 커브와 관련한 추가 정보는 온라인 사이트 http://docs.unity3d.com/Manual/animeditor-AnimationCurves.html에서 찾을 수 있다.

예제 코드 1-4: 속도 조절

```
using UnityEngine;
using System.Collections;

public class Mover : MonoBehaviour
{
```

```
// 초당 최대 이동 속도(미터)
public float Speed = 1f;


// 이동할 방향
public Vector3 Direction = Vector3.zero;


// 속도를 조절하는 커브
public AnimationCurve AnimCurve;


// Update는 매 프레임 호출된다
void Update ()
{
  // 이 오브젝트의 Transform 컴포넌트
  Transform ThisTransform = GetComponent<Transform>();


  // 속도에 따른 위치 갱신
  ThisTransform.position += Direction.normalized * Speed *
AnimCurve.Evaluate(Time.time) * Time.deltaTime;
  }
}
```

예제 코드 1-4를 통해 씬 내에서 애니메이션시킬 오브젝트를 선택하고 오브
젝트 인스펙터를 살펴보자. 퍼블릭 AnimCurve 변수를 이제 그래프 형태로 확
인할 수 있다.

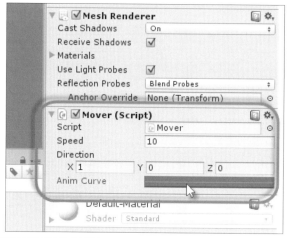

애니메이션 커브 에디터 접근

인스펙터에서 그래프를 클릭하면 별도의 창에서 그래프 에디터를 볼 수 있으며, 그래프를 통해 속도 변수에 적용되는 트윈을 조절할 수 있다. 수평축은 시간(초 단위)을 의미하고, 수직축은 값(속도)을 의미한다.

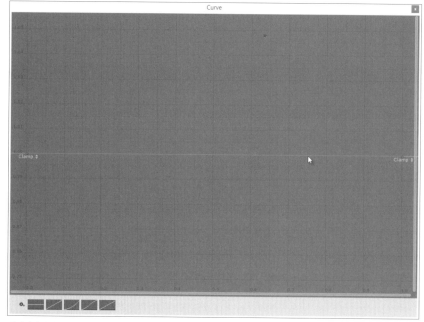

애니메이션 커브 구성

왼쪽 아래 커브 프리셋에서 하나를 선택해 초기 커브를 생성한 후 추가적으로 조절해 오브젝트의 속도를 조절할 수 있다. 또는 커브 위 어디든 더블 클릭하면 새로운 컨트롤 포인트를 추가해 좀 더 정교한 제어를 할 수도 있다. 일단 가장 널리 사용하는 애니메이션 형태인 부드럽게 시작해서 부드럽게 끝나는 커브를 만들어보자. 애니메이션을 시작할 때 서서히 속도를 올리고 마지막에는 서서히 멈추는 형태다. 이를 위해 마우스의 스크롤 휠을 사용해 커브 뷰에서 줌 아웃을 함으로써 처음 5초간의 구간이 보이도록 하자. 처음과 마지막 키 프레임 지점은 각각 수평축 위의 시작과 끝 지점이 돼야 한다. 또한 두 지점 모두 수직축은 0으로 오브젝트의 속도가 0이어야 한다.

 지점을 클릭하고 드래그할 때 그리드에 맞추려면 Ctrl 키를 누르고 있다.

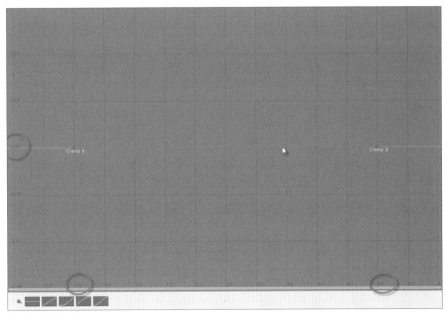

애니메이션 커브 시작

부드럽게 시작해서 부드럽게 끝나는 커브를 만들기 위해 커브의 중앙에 새로운 컨트롤 포인트를 추가한 후 이를 수직축의 값이 1인 지점까지 끌어올려서 오브젝트의 최대 속도로 설정하자. 만일 새로운 컨트롤 포인트가 다소 급하게 꺾인다면 해당 지점에서 오른쪽 클릭을 한 후 Free Smooth 옵션을 선택해 커브를 부드럽게 해주자.

 F 키를 누르면 전체 그래프를 볼 수 있게 크기가 조절된다.

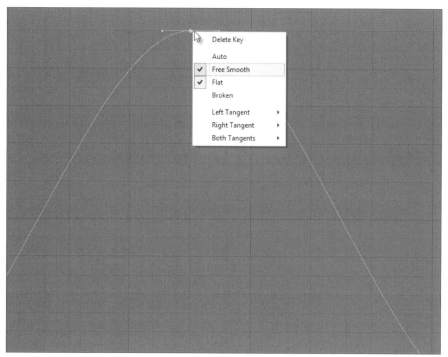

부드럽게 시작하고 끝나는 속도 커브 생성

일단 커브를 만들고 나면 유니티 프로젝트에서 실행한 후 Game 탭을 통해 효과를 확인할 수 있다. 예제 코드 1-4에 따라 오브젝트의 속도는 시간의 흐름에 따른 커브로 결정된다. `AnimationCurve.Evaluate` 메소드는 시간을 입력값(수평축)으로 받아 이에 해당하는 속도 결정 값(수직축)을 반환한다. 이 함수를 사용하면 어떤 형태의 애니메이션이든 구현할 수 있다.

 Evaluate 메소드와 관련해 추가적인 정보가 필요하면 유니티 공식 문서인 http://docs.unity3d.com/ScriptReference/AnimationCurve.html을 참고하길 바란다. 지금 다룬 유니티 프로젝트는 이 책과 함께 제공되는 파일의 Chapter01/animation_curves 폴더에서 찾을 수 있다.

오브젝트를 향한 회전: 코루틴을 사용한 애니메이션

지금부터는 코루틴^{coroutine}을 사용한 프로그래밍 애니메이션에 대해 살펴보자. 코루틴은 특별한 형태의 함수로, 시간의 흐름에 따른 동작을 처리하는 데 매우 유용하다. 이번에는 특정 오브젝트를 향해 천천히 그리고 부드럽게 회전하는 스크립트를 만들어본다. 항상 플레이어를 바라보는 적군이나 목표물을 향해 조준을 변경하는 총 발사대 등을 구현할 때 유용하다. 지금 구현할 내용은 즉각적으로 특정 방향을 향하도록 하는 `Transform.LookAt`을 사용한 단순한 `LookAt` 행동과는 차이가 있다. 지금 구현할 내용은 즉각적으로 방향을 바꾸지 않는 대신, 항상 일정하게 정해진 회전 속도를 유지하며 부드러우면서 지속적으로 목표물을 향하는 형태다. 예제 1-5의 LookAt.cs 파일의 코드를 참고하자.

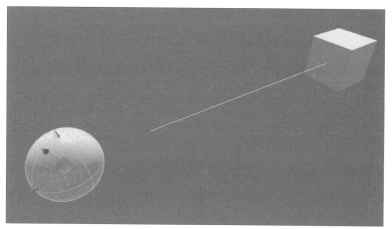

구를 바라보며 회전하는 육면체

 코루틴과 관련해 추가적인 정보가 필요하면 유니티 공식 문서 http://docs.unity3d.com/ Manual/Coroutines.html을 참고하길 바란다.

예제 코드 1-5: 목표물을 향한 회전

```
//-----------------------------------------
using UnityEngine;
using System.Collections;
[ExecuteInEditMode]
//-----------------------------------------
public class LookAt : MonoBehaviour
{
    // 트랜스폼 캐시
    private Transform ThisTransform = null;

    // 바라볼 목표물
    public Transform Target = null;
```

```csharp
    // 회전 속도
    public float RotateSpeed = 100f;


    //-------------------------------------------
    // 초기화
    void Awake () {
      // 이 오브젝트에 대한 트랜스폼
      ThisTransform = GetComponent<Transform>();
    }


    //-------------------------------------------
    void Start()
    {
      // 목표물 따라가기 시작
      StartCoroutine(TrackRotation(Target));
    }
    //-------------------------------------------
    // 목표물을 바라보기 위한 코루틴
    IEnumerator TrackRotation(Transform Target)
    {
      // 무한히 반복하며 목표물을 따라감
      while(true)
      {
        if(ThisTransform != null && Target != null)
        {
          // 목표물 방향 획득
          Vector3 relativePos = Target.position - ThisTransform.
position;

          // 목표물에 대한 회전 값 계산
```

```
        Quaternion NewRotation = Quaternion.
LookRotation(relativePos);

        // 정해진 속도로 목표물을 향해 회전
        ThisTransform.rotation = Quaternion.
RotateTowards(ThisTransform.rotation,
            NewRotation, RotateSpeed * Time.deltaTime);
        }

        // 다음 프레임까지 대기
        yield return null;
    }
    }
    //------------------------------------------
    // 뷰포트에서 바라보는 방향을 그리는 함수
    void OnDrawGizmos()
    {
        Gizmos.DrawLine(ThisTransform.position, ThisTransform.forward.
normalized * 5f);
    }
    //------------------------------------------
}
//------------------------------------------
```

코루틴은 일반 함수와 동작 방식이 다르다. 이 함수는 항상 반환 타입으로 IEnumerator를 취하고 최소한 하나 이상의 yield문을 가진다. 라인별로 실행하다가 끝나는 일반적인 함수와 달리, 코루틴은 코루틴을 호출한 프로세스와 병렬로 실행되는 것처럼 동작한다. 실제로는 아니지만 마치 스레드나 백그라운드 프로세스처럼 보인다. 이런 특징은 다른 동작을 처리하면서 동시에 애니메이션을 처리하는 데 유용하다.

지금 다룬 유니티 프로젝트는 이 책과 함께 제공되는 파일의 Chapter01/Rotating Objects 폴더에서 찾을 수 있다.

재질과 매핑 애니메이션

또 하나의 매우 유용한 애니메이션 기법으로 다음 그림과 같은 UV 또는 매핑 애니메이션이 있다. 이 방식은 프로그래밍 기법을 사용해 시간의 흐름에 따라 메시의 버텍스들에 대해 UV 좌표를 변경함으로써 표면의 텍스처 주위로 이동시키는 형태다. 텍스처 자체의 픽셀을 변경하지는 않으며 표면에 매핑된 픽셀을 애니메이션시키는 형태다. UV 애니메이션을 활용하면 물이나 용암, 구름, 워프 터널 효과 등 다양한 모습을 구현할 수 있다. 예제 코드 1-6(MatScroller.cs)을 살펴보자.

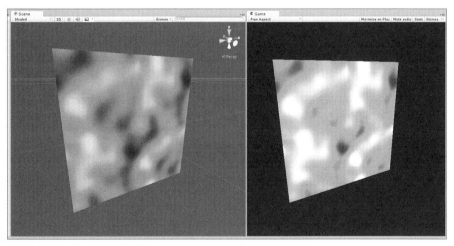

움직이는 구름이나 물, 용암 등을 표현하기 위해 표면의 텍스처 매핑에 애니메이션 적용

예제 코드 1-6: 재질 스크롤러

```
// 평면의 텍스처를 스크롤하는 클래스는 하늘을 움직이는 데 사용할 수 있다
//------------------------------------------------
using UnityEngine;
using System.Collections;
//------------------------------------------------
[RequireComponent (typeof (MeshRenderer))] // Renderer Filter 컴포넌트
필요
public class MatScroller : MonoBehaviour
{
    // 퍼블릭(Public) 변수
    //--------------------------------------------
    // 수평 스크롤 속도에 대한 참조
    public float HorizSpeed = 1.0f;

    // 수직 스크롤 속도에 대한 참조
    public float VertSpeed = 1.0f;

    // 스크롤할 수평, 수직의 최솟값과 최댓값에 대한 참조
    public float HorizUVMin = 1.0f;
    public float HorizUVMax = 2.0f;

    public float VertUVMin = 1.0f;
    public float VertUVMax = 2.0f;

    // 프라이빗(Private) 변수
    //--------------------------------------------
    // 메시 렌더러 컴포넌트에 대한 참조
    private MeshRenderer MeshR = null;
```

```
// 메소드
//-----------------------------------------------
// 초기화에 사용
void Awake ()
{
    // 메시 렌더러 컴포넌트 획득
    MeshR = GetComponent<MeshRenderer>();
}
//-----------------------------------------------
// Update는 매 프레임 호출
void Update ()
{
    // 최솟값과 최댓값 사이에서 텍스처 스크롤
    Vector2 Offset = new Vector2((MeshR.material.mainTextureOffset.x > HorizUVMax) ? HorizUVMin : MeshR.material.mainTextureOffset.x + Time.deltaTime * HorizSpeed,
        (MeshR.material.mainTextureOffset.y > VertUVMax) ? VertUVMin : MeshR.material.mainTextureOffset.y + Time.deltaTime * VertSpeed);

    // UV 좌표 갱신
    MeshR.material.mainTextureOffset = Offset;
}
//-----------------------------------------------
}
//-----------------------------------------------
```

이 코드를 메시 오브젝트에 연결하면 재질에 애니메이션을 적용할 수 있다. 간단히 오브젝트 인스펙터에서 HorizSpeed와 VertSpeed만 설정하면 재질의 수평, 수직 스크롤 속도를 제어할 수 있다.

재질의 스크롤 속도 제어

 이 유니티 프로젝트는 이 책과 함께 제공되는 파일의 Chapter01/texture_animator 폴더
에서 찾을 수 있다.

카메라 흔들기: 애니메이션 효과

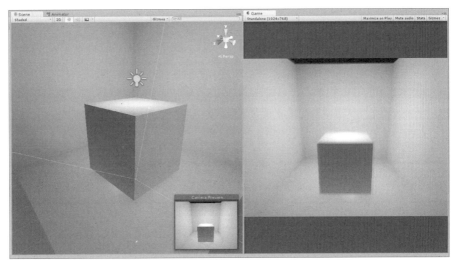

카메라 흔들기 효과

과격한 액션 게임을 플레이해보면 (캐릭터가 다쳤을 때 등) 종종 카메라가 흔들리는 효과를 볼 수 있다. 카메라 흔들기 효과는 동적인 느낌을 강조해서 극적인 연출을 만들어낸다. 게다가 카메라 흔들기는 구현도 매우 간단하다. 예제 코드 1-7을 씬 카메라에 추가하면 흔들기 효과를 낼 수 있다.

예제 코드 1-7: 카메라 흔들기

```
using UnityEngine;
using System.Collections;
//---------------------
public class CameraShake : MonoBehaviour
{
  private Transform ThisTransform = null;
  // 카메라를 흔드는 시간(초 단위)
```

```csharp
public float ShakeTime = 2.0f;


// 흔드는 양(거리)
public float ShakeAmount = 3.0f;


// 카메라 움직임 속도
public float ShakeSpeed = 2.0f;


//--------------------
// 초기화에 사용
void Start ()
{
    // 트랜스폼 컴포넌트 얻기
    ThisTransform = GetComponent<Transform>();


    // 흔들기 시작
    StartCoroutine(Shake());
}
//--------------------
// 카메라 흔들기
public IEnumerator Shake()
{
    // 원래 카메라 위치 저장
    Vector3 OrigPosition = ThisTransform.localPosition;


    // 흐른 시간(초 단위)
    float ElapsedTime = 0.0f;


    // 총 흔들기 시간 동안 반복
    while(ElapsedTime < ShakeTime)
```

```
    {
        // 구에서 임의의 지점 선정
        Vector3 RandomPoint = OrigPosition + Random.insideUnitSphere *
ShakeAmount;

        // 위치 갱신
        ThisTransform.localPosition = Vector3.Lerp(ThisTransform.
localPosition, RandomPoint, Time.deltaTime * ShakeSpeed);

        // 다음 프레임까지 대기
        yield return null;

        // 경과 시간 갱신
        ElapsedTime += Time.deltaTime;
    }
    // 카메라 위치 복원
    ThisTransform.localPosition = OrigPosition;
    }
//---------------------
}
//---------------------
```

이 예제 코드는 카메라의 위치를 시간의 흐름에 따라 임의로 흔들기 위해 코루틴을 사용한다. 이때 Random.insideUnitSphere 변수를 사용해 가상의 구이내에서 움직이도록 한다. 이 코드를 적용할 때는 간단히 스크립트를 카메라에 끌어다 놓기만 하면 된다.

이 유니티 프로젝트는 이 책과 함께 제공되는 파일의 Chapter01/camera_shake 폴더에서 찾을 수 있다.

요약

1장에서는 애니메이션 전반에 대한 내용을 예술적, 기술적 관점에서 살펴봤으며 유니티 게임에서 즐겨 사용하는 대부분의 애니메이션 형태를 다뤘다. 그리고 프로그래밍 애니메이션에 대해서는 좀 더 깊게 살펴보기도 했다. 특히 사전에 제작하거나 정의된 애니메이션에 의존하지 않고 코드만을 사용한 애니메이션으로 오브젝트를 동적으로 보이게 하는 방법도 다뤘다. 프로그래밍 애니메이션에 대한 본격적인 설명은 이 정도로 마치겠지만, 이후에 다룰 장에서도 항상 기본이 되고 수시로 필요한 내용이다. 2장에서는 스프라이트를 사용한 2D 애니메이션을 살펴볼 예정이다.

2 스프라이트 애니메이션

2장에서는 2D 게임 애니메이션 중 특히 스프라이트^{Sprite} 애니메이션에 관해 살펴본다. 횡 스크롤 플래포머 또는 퍼즐 장르 같은 2D 게임을 만들 예정이라면, 또는 애니메이션이 있는 GUI를 구상하고 있다면 반드시 2D 애니메이션에 대해 알고 있어야 한다.

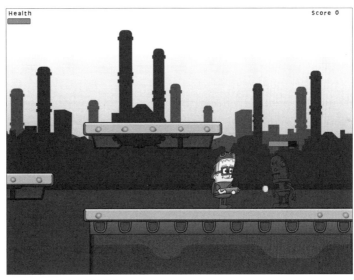

2D 횡 스크롤 플랫폼 액션 게임

시작하기에 앞서 3D 애니메이션과 2D 애니메이션의 차이에 대해 좀 더 명확하게 이해하고, 2장에서 실제로 다룰 애니메이션의 종류에 대해서도 짚고 넘어가자.

여기에서 말하는 2D는 직교투영 카메라로 표현되는 씬 또는 오브젝트를 평면으로 바라보며 사용자가 카메라를 회전하지 못하도록 막아 다른 각도에서는 오브젝트를 보지 못하도록 한 상태를 의미한다. 이런 관점에서 보면 3D 씬도 2D 게임의 일부가 될 수 있다. 이는 씬의 특성으로 결정되는 것이 아니라 카메라를 통한 씬의 모드에만 관련되기 때문이다. 그렇다고는 해도 대부분의 2D 작업은 스프라이트로 처리된다. 스프라이트는 유니티가 지원하는 특별한 2D 게임오브젝트다. 2장의 주요 목표는 애니메이션되는 스프라이트 캐릭터를 생성해 움직일 때 애니메이션을 보여주는 것이다.

스프라이트: 불러오고 설정하기

스프라이트는 유니티에서 제공하는 전용 2D 오브젝트로, 카드보드나 게시판 같은 씬을 표현하기 위한 텍스처를 불러와 만들 수 있다. 횡 스크롤 게임에서 캐릭터처럼 움직임이 있는 대상을 표현할 때 스프라이트는 매우 유용하다. 2D 스프라이트 애니메이션은 전통적인 방식의 책 넘기기 애니메이션과 비슷하다. 책의 각 페이지에 하나의 프레임을 그려놓고 빠르게 책장을 넘기면 애니메이션 효과가 나는 원리다. 게임에 애니메이션용 스프라이트를 불러와 설정하는 두 가지 방법이 존재하며 이번 절에서 이 내용을 다룰 예정이다. 여기에서 사용할 스프라이트 오브젝트는 이 책과 함께 제공되는 파일의 Chapter02/assets 폴더에서 찾을 수 있으니 애셋을 열고 내용을 그대로 따라오면 된다. 일단 스프라이트를 불러오는 두 방식인 개별 스프라이트 불러오기와 스프라이트 아틀라스 불러오기에 대해 살펴보자.

스프라이트 오브젝트와 관련한 추가 정보는 온라인 유니티 문서 http://docs.unity3d.com/ScriptReference/Sprite.html에서 찾을 수 있다.

개별 스프라이트

각 프레임을 나타내는 개별 이미지들을 사용해서 애니메이션 스프라이트를 만들려면 간단히 모든 프레임 파일을 선택한 후 유니티 Project 패널에 끌어다 놓는다.

프레임별로 구성된 별도의 파일들을 가지고 애니메이션 스프라이트 불러오기

이때 각 파일은 평범한 텍스처로 임포트된다.

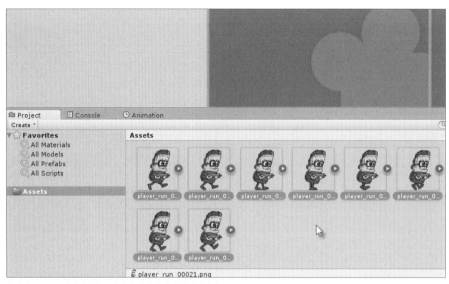

유니티 Project 패널에서의 플레이어 캐릭터 뛰기 애니메이션

이를 스프라이트로 변환하기 위해서는 불러온 모든 텍스처를 Project 패널에서 선택하고, 오브젝트 인스펙터에서 Texture Type 설정을 Sprite 옵션으로 선택한다. 각 이미지는 고유한 프레임을 나타내므로 Sprite Mode 설정을 Single로 해야 한다. 그리고 Generate Mip Maps 설정을 꺼야 텍스처의 품질이 올라간다. 마지막으로 Pivot 옵션은 Bottom으로 하자. 이는 캐릭터의 발에 해당하는 위치다. 발 부분은 캐릭터가 지면과 만나는 곳으로 위치를 잡기에 적당하다. 이제 Apply만 클릭하면 끝난다.

 텍스처마다 개별적으로 스프라이트 설정을 적용할 필요는 없다. Project 패널에서 다수의 텍스처를 한꺼번에 선택한 후 일괄 적용하면 된다.

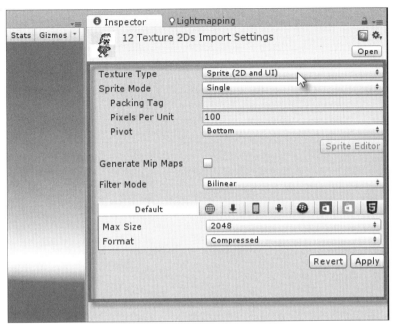

불러온 스프라이트 텍스처 설정

이제 모든 설정은 끝났고 씬에서 스프라이트 애니메이션을 사용할 준비를 마쳤다. 2장 후반부에서는 좀 더 구체적인 내용을 살펴볼 예정이다. 다음으로, 약간 다른 형태의 스프라이트를 불러와보자.

스프라이트 아틀라스

앞에서 다룬 형태와 달리 다수의 스프라이트가 하나의 스프라이트 시트로 묶여 있을 때도 있는데, 이를 텍스처 아틀라스라고 부른다. 다시 설명하자면 하나의 애니메이션을 구성하는 모든 프레임이 하나의 텍스처 파일 내에 열과 행의 구조로 묶여 있는 형태다. 유니티는 이런 형태도 지원하는데, 불러오기 단계에서 약간의 추가 설정과 조작이 필요하다.

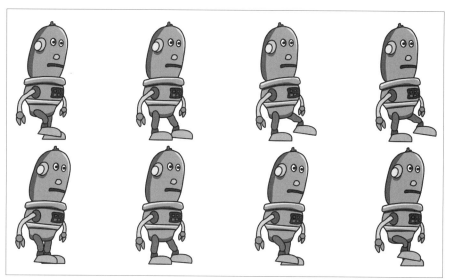

스프라이트 아틀라스 텍스처

스프라이트 아틀라스를 불러오기 위해 간단히 텍스처를 유니티 Project 패널에 끌어다 놓으면 일반 텍스처 파일로 불러올 수 있다. 다음 그림을 참고하자.

기본적으로 스프라이트 아틀라스 텍스처는 일반 텍스처로 임포트된다.

임포트를 하고 나면 텍스처가 스프라이트로 동작하도록 설정해줘야 한다. 이를 위해 Project 패널에서 텍스처를 선택하자. 그리고 오브젝트 인스펙터에서 Texture Type 설정을 Sprite로 하고 Sprite Mode는 Multiple로 하면 된다. 이는 텍스처 파일이 다수의 프레임을 포함하고 있기 때문이다. Generate Mip Maps 의 설정을 해제하면 텍스처 품질이 올라간다. 마지막으로 Apply를 클릭해서 적용한다.

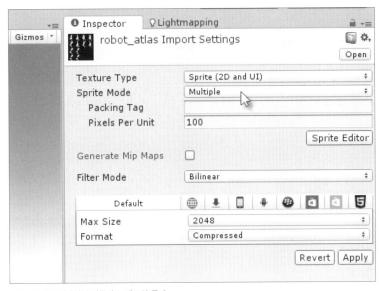

오브젝트 인스펙터에서 아틀라스 텍스처 준비

Sprite Mode 옵션을 Multiple로 설정하면 유니티는 텍스처 내에 다수의 프레임이 있다는 사실은 인지하지만, 여전히 스프라이트가 있는 정확한 위치는 알지 못한다. 이를 정의하기 위해 스프라이트 에디터Sprite Editor를 사용하면 된다. Project 패널에서 텍스처를 선택한 상태에서 오브젝트 인스펙터 하단의 Sprite Editor 버튼을 클릭하면 된다. 여기에서 수동으로 각 박스를 클릭하고 드래그해 각 스프라이트의 경계를 그릴 수 있다. 또는 자동으로 타일 패턴의 스프라이트 조각을 만들 수도 있다. 이 책과 함께 제공되는 로봇 텍스처에서 각 스프라이트는 512×512 픽셀 그리드 안에 존재한다. 이를 위한 스프라이트 조각 생성을 위해 스프라이트 에디터 창의 좌측 상단에 있는 Slice 버튼을 클릭하면 된다.

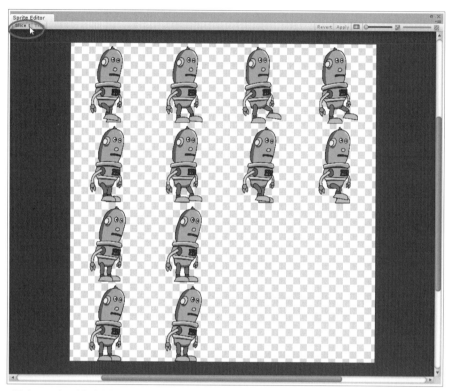

아틀라스로부터 조각을 생성하기 위해 스프라이트 에디터의 자르기 버튼을 클릭

Slice 버튼을 클릭하면 설정 팝업이 뜬다. 여기에 자르기 관련 파라미터를 설정한 후 Slice 버튼을 누르면 된다. 지금 다루고 있는 로봇 텍스처라면 Slice 타입은 Automatic이 아닌 Grid로 해야 한다. 이는 스프라이트가 격자 형태로 이미 잘 정렬돼 있기 때문이다. Pixel Size는 512×512로 하고, Pivot은 Bottom으로 해서 캐릭터의 발을 피봇 위치로 잡자.

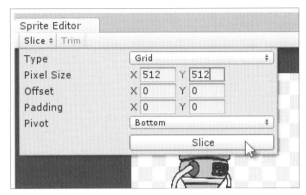

격자로부터 조각 생성

Slice 팝업의 Slice 버튼을 클릭하면 유니티는 텍스처 아틀라스를 개별 스프라이트로 나누며, 이때 각 스프라이트는 선택 가능한 경계로 둘러싸인다. 필요하다면 각 조각을 선택해서 설정을 변경할 수도 있다. 하지만 로봇 텍스처의 경우에는 기본 정렬을 그대로 사용하면 된다. 마지막으로 스프라이트 에디터 창의 상단 툴바에 있는 Apply 버튼을 클릭한다.

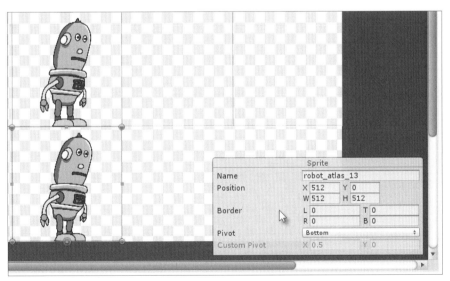

조각 생성

스프라이트 에디터 창의 **Apply**를 클릭하면 일련의 스프라이트 오브젝트들이 생성돼 Project 패널에 독립된 개체 형태로 나타난다. 이제 애니메이션을 위한 준비를 마쳤다.

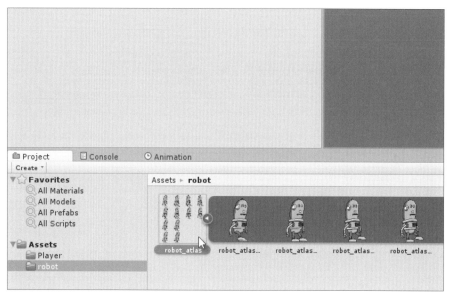

텍스처 아틀라스로부터 생성된 스프라이트

스프라이트를 사용한 애니메이션

앞서 언급한 두 방식 중 하나를 사용해 일련의 스프라이트 오브젝트를 불러오고 나면, 이제 애니메이션을 할 준비는 끝난 것이다. 유니티 Project 패널에서 간단히 하나의 애니메이션을 위해 필요한 모든 스프라이트를 선택한 후 이를 씬의 Hierarchy 패널에 끌어다 놓으면 된다. Scene이나 Game 탭에 끌어다 놓으면 동작하지 않으며 반드시 Hierarchy 패널에 있어야 한다. 예제로 플레이어가 뛰어가는 애니메이션을 씬에 끌어다 놓아보자. 그러면 유니티는 저장 대화 상자를 띄우며 새로운 애니메이션 시퀀스 애셋을 생성할 것인지 묻는다. 이때 파일 확장자는 .anim이 된다.

애니메이션의 이름을 PlayerRun.anim 등으로 설정한 후 Save 버튼을 클릭하면 된다.

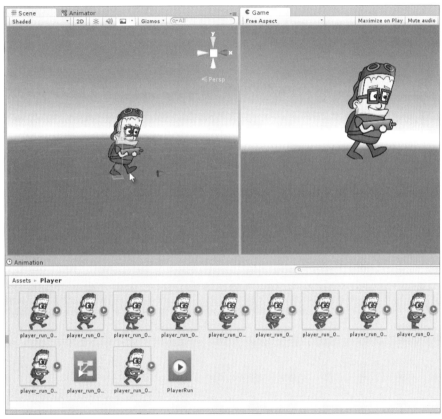

다수의 프레임으로 생성한 플레이어 캐릭터

이제 스프라이트 오브젝트가 씬 내에 생성됐고 Scene과 Game 탭에서 볼 수 있다. 만일 보이지 않는다면 카메라가 오브젝트의 위치에서 벗어난 상태일 수 있으니 카메라 설정을 살펴보자. 이제 애니메이션 시퀀스 생성은 끝났다.

따라서 씬을 테스트하면 스프라이트 캐릭터가 애니메이션되는 모습을 확인할 수 있다. 이렇게 간단히 처리할 수 있는 이유는 유니티가 내부적으로 필요한 일련의 처리를 해주기 때문이다. 첫째로, 유니티는 키 프레임 시퀀스를 정의하고 있는 새로운 애니메이션 클립$^{animation\ clip}$(.anim)을 생성한다. 둘째로, 유니티는 애니메이션 재생 초기화와 재생 속도 제어를 위해 메카님 컨트롤러를 생성한다. 셋째로, 유니티는 오브젝트와 애니메이션 데이터를 연결하기 위해 씬 내에 있는 스프라이트 오브젝트에 애니메이터 컴포넌트를 추가한다. 하지만 기본적으로 생성된 애니메이션은 원하는 형태가 아닐 가능성이 높다. 이 문제를 해결하기 위해 다음 절에서는 애니메이션을 조절하는 방법을 다룰 예정이다.

스프라이트 애니메이션 속도 조절

만일 스프라이트 애니메이션의 재생 속도가 너무 빠르거나 느리다면 스프라이트 메카님 그래프를 편집해야 한다. 메카님에 대해서는 이후 장에서 자세히 다룰 예정이다. 스프라이트 애니메이션의 속도는 쉽고 빠르게 변경할 수 있다. 일단 씬에서 스프라이트 오브젝트를 선택한다. 그리고 오브젝트 인스펙터에서 Animator 컴포넌트 슬롯의 Controller 내에 있는 애니메이션 컨트롤러 애셋을 더블 클릭한다.

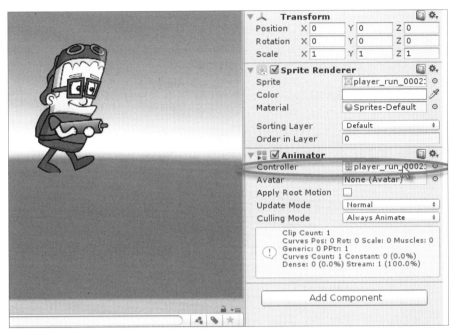

스프라이트 애니메이션 컨트롤러 접근

스프라이트 애니메이션 컨트롤러^{Animation Controller}를 더블 클릭하면 메카님 그래
프가 열리는데, 이를 사용해서 애니메이션 속도를 조절할 수 있다. 이 그래프
는 서로 연결된 다수의 노드를 가지고 있다.

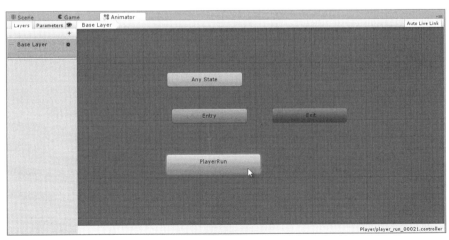

애니메이션 스프라이트의 메카님 그래프

그래프에서 스프라이트 애니메이션을 나타내는 PlayerRun 노드를 클릭하면 오브젝트 인스펙터에서 속성들을 확인할 수 있다. 이 책이 제공하는 플레이어 스프라이트 그래픽에서 이 노드는 온전한 걷기 애니메이션을 표현한다. 애니메이션 속도는 Speed 설정으로 제어할 수 있다. 0은 멈춘 상태를 의미하고 1은 기본 속도며 0.5는 기본 속도의 절반이다. 당연히 2는 기본 속도의 두 배를 의미한다. 애니메이션이 너무 느리다고 생각하면 Speed의 값을 올리면 된다. 반대로 너무 빠르다면 값을 줄이면 된다. 이 플레이어 캐릭터 애니메이션에서는 속도를 2로 설정하고 다시 실행해서 적용된 효과를 확인해보자.

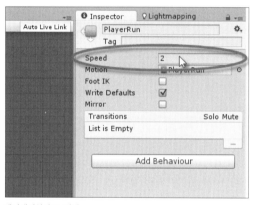

애니메이션 속도 변경

애니메이션 반복 해제

기본적으로 스프라이트 애니메이션은 끝없이 반복된다. 애니메이션 마지막에서 다시 처음으로 돌아가는 형태다. 이런 동작은 필요할 때도 있고 아닐 때도 있으므로 반복하지 않도록 설정하는 방법도 알고 있어야 한다. 이를 위해서는 애니메이션 데이터(.anim 애셋 내부)에 접근해 속성을 조절해야 한다. Project 패널에서 스프라이트 애니메이션 애셋을 선택하면 다음 그림처럼 플레이Play 아이콘을 볼 수 있다.

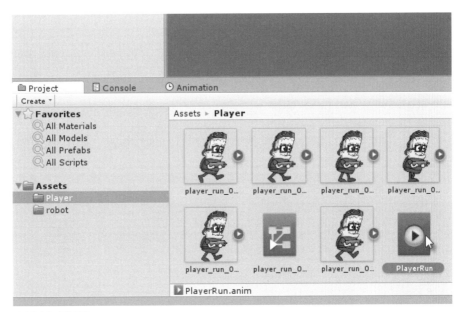

애니메이션 애셋 선택

애셋을 선택한 후 오브젝트 인스펙터의 Loop Time 체크박스만 해제하면 간단히 해결된다. 이제 다시 게임을 실행하면 애니메이션이 반복되지 않는 모습을 볼 수 있다.

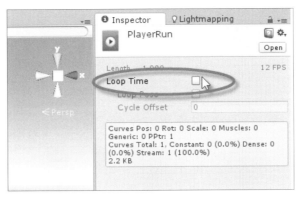

애니메이션 반복 해제

잘못된 순서로 재생되는 프레임

만일 스프라이트 애니메이션이 여러 장의 프레임으로 구성된 상태라면 유니티가 애니메이션을 생성하는 과정에서 순서가 맞지 않을 수도 있다. 이럴 때는 애니메이션^{Animation} 창을 통해 애니메이션 데이터를 수정해줘야 한다. 애플리케이션 메뉴에서 Window ➤ Animation을 선택해 애니메이션 창을 열 수 있다.

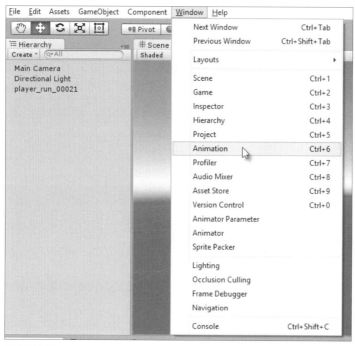

애니메이션 창

에디터에 있는 애니메이션 창에서 씬 내에 있는 스프라이트 오브젝트를 선택하면 애니메이션 데이터가 자동으로 타임라인에 나타난다. 타임라인은 전체 애니메이션의 시작부터 끝까지를 모두 보여준다. 타임라인에 걸쳐 일정한 간격으로 표시된 다이아몬드 모양의 심볼은 스프라이트 이미지가 변하는 키 프레임을 나타내며, 이를 클릭하면 특정 키 프레임을 선택할 수 있고 오브젝트 인스펙터에서 해당 스프라이트에 관한 속성도 볼 수 있다. 예를 들면, 플레이어 캐릭터 애니메이션에서 시간이 0:06일 때 player_run_00013 스프라이트가 나타난다. 오브젝트 인스펙터에서 Sprite 필드는 빨간색으로 강조돼 표시되며 시간의 흐름에 따라 변하는 모습을 볼 수 있다.

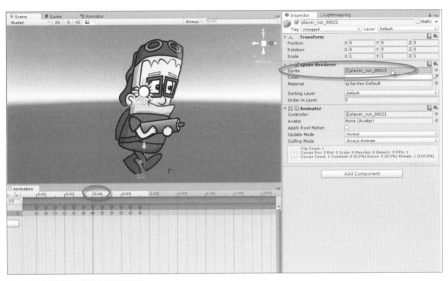

스프라이트 애니메이션 키 프레임 보기

잘못된 이미지를 수정하고 싶을 때는 타임라인에서 키 프레임을 선택한 후 오브젝트 인스펙터 내의 Sprite 필드를 클릭해 손쉽게 수정할 수 있다. 스프라이트 브라우저에서 새로운 스프라이트 오브젝트를 선택하기만 하면 된다. 유니티는 새로 선택한 스프라이트가 기존 스프라이트를 대체하는 것으로 자동 인지하고 처리한다.

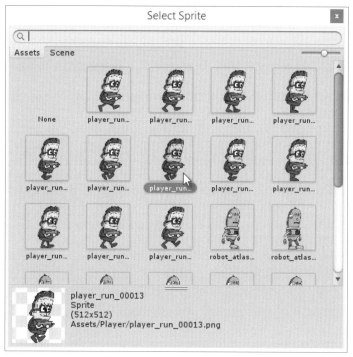

애니메이션 프레임 수정을 위한 스프라이트 브라우저 사용

요약

2장에서는 애니메이션 스프라이트를 만들기 위해 유니티가 제공하는 강력한 2D 기능을 살펴봤다. 스프라이트는 개별 파일로 구성된 프레임 단위로 불러올 수도 있고, 다수의 프레임을 포함하고 있는 텍스처 아틀라스 형태로 불러올 수도 있다. 어떤 방식을 사용하든 어렵지 않게 애니메이션 시퀀스를 만들 수 있으며, 유니티가 제공하는 애니메이션 툴(메카님과 애니메이션 창 같은)을 사용하면 기본적인 문제를 해결할 수 있다. 이를 통해 애니메이션의 속도나 반복 여부, 잘못된 순서 등을 변경할 수 있다.

2장에서 제공하는 애셋(플레이어 캐릭터 애셋 포함)을 사용하면 손쉬우면서 효과적으로 뛰어가는 애니메이션 캐릭터를 만들어낼 수 있다. 게다가 1장에서 사용한 Mover 스크립트를 사용하면 씬을 따라 뛰어다니는 완전한 애니메이션을 구현할 수 있다. Chapter02\AnimatedChar 폴더를 참고하면 온전한 프로젝트를 확인할 수 있다. 3장에서는 유니티 애니메이션 창과 더불어 다양한 툴을 좀 더 자세히 살펴본다.

3

네이티브 애니메이션

유니티는 콘텐트^{content}를 생성하는 툴이라기보다는 조립하는 툴에 가깝다. 다시 말하면, 다른 애플리케이션에서 만든 애셋을 가져온 후 그것을 조립해 최종 게임을 만드는 유형의 게임 엔진이다. 그럼에도 불구하고 유니티는 애셋 생성 툴도 제공하며, 그중에는 애니메이션과 관련한 것도 있다. 이를 네이티브 애니메이션 기능이라고 부르며 다음 내용을 포함한다.

- 강체 애니메이션을 위한 유니티 애니메이션 에디터^{Unity animation editor}를 제공하며 열리는 문, 카메라 이동 연출, 엘리베이터 플랫폼 등이 이에 해당한다.

- 슈리켄 파티클 시스템^{Shuriken particle system}을 제공하며 비나 눈, 불꽃놀이, 스파클 등 뚜렷한 형체가 없는 다수의 움직이는 부분으로 이뤄진 애니메이션이 이에 해당한다.

- 위의 두 가지 내용 모두 3장에서 전반적으로 다룰 예정이다.

애니메이션 창: 카메라 이동 생성

애니메이션 창은 완전한 기능을 갖춘 애니메이션 에디터로 사전에 스크립트로 정의된 키 프레임 애니메이션을 생성하는 데 사용된다. 위치나 회전, 비율 같은 게임오브젝트^{GameObject}의 수치적 속성을 제어한다. 요약하면, 이 에디터를 사용하면 시간의 흐름에 따라 게임오브젝트를 애니메이션시킬 수 있고 최종 애니메이션 데이터는 애니메이션 클립이라 부르는 별도의 애셋으로 Project 패널에 존재한다. 힌지에 의해 열리고 닫히는 문, 위아래로 움직이는 엘리베이터 플랫폼, 회전하는 바닥, 이동하는 차, 주위를 날아다니는 적 비행선 등을 만들고 싶다면 애니메이션 창이 가장 유용할 것이다.

기능 시연을 위해 이번 절에서는 환경을 날아다니는 카메라 연출을 만들어본다. 다만 이번에 카메라 이동 연출을 위해 소개할 툴셋이 카메라 이동만을 위한 것은 아니며 다양한 형태의 애니메이션에 적용할 수 있는 범용성을 갖췄다는 점을 알아두자. 직접 자신만의 환경을 사용해도 좋고 이 절을 위한 시작 프로젝트를 열어도 좋다. 해당 프로젝트는 이 책과 함께 제공되는 파일의 Chapter03/FlyThroughStart 폴더 안에 포함돼 있다. 일단 환경과 카메라만 있으면 시작할 준비는 끝났다.

카메라 이동 연출을 위한 환경 생성

 이 절에서 사용할 완전한 프로젝트는 Chapter03/FlyThroughEnd 폴더에서 찾을 수 있다.

키 프레임 애니메이션 생성을 위해 애니메이션 창에 접근하려면 메인 메뉴에서 Window ➤ Animation으로 가거나 Ctrl+6을 누르자. 여기서는 Animator가 아닌 Animation을 선택해야 한다. 헷갈리지 말자.

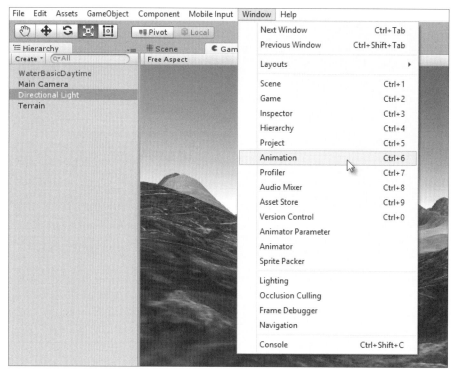

메인 메뉴에서 애니메이션 창 열기

애니메이션 창은 수평 정렬 뷰에서 가장 보기 편하므로 일반적으로 Game과 Scene 탭의 아래쪽 인터페이스에 붙여 사용하면 좋다. 간단히 애니메이션 창을 Project 패널 또는 Console 영역의 탭 타이틀 위로 끌어다 놓으면 된다.

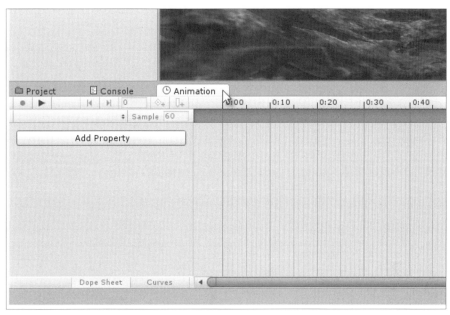

하단 인터페이스에 애니메이션 창 도킹

게임오브젝트를 위한 키 프레임 애니메이션을 생성하기 위해 씬에서 애니메이션할 오브젝트를 선택하거나 Hierarchy 패널에서 이름을 입력한다. 그리고 애니메이션 창 하단의 **Add Property** 버튼을 클릭한다. 날아서 이동하는 애니메이션 카메라 연출을 위해 씬 카메라를 선택한 후 애니메이션 창의 **Add Property**를 선택한다. 이 버튼을 클릭하면 유니티는 애니메이션 데이터(애니메이션 클립)를 저장할 이름과 물리적인 저장 위치를 묻는 저장 대화 상자를 띄운다. 애니메이션의 이름을 CameraFlyAnim.anim으로 하고 프로젝트 최상위에 저장하기 위해 Assets 폴더를 선택한다.

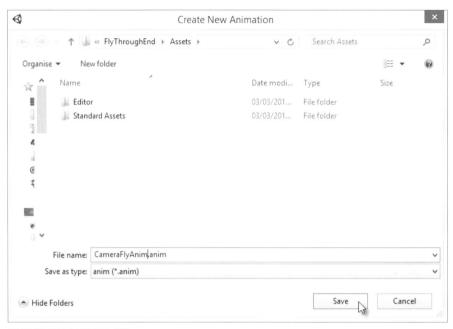
새로운 애니메이션 클립 애셋 생성

새 애니메이션 클립을 생성할 때, 유니티는 내부적으로 다양한 일을 처리한
다. 일단 두 개의 애셋을 만드는데, 하나는 애니메이션 클립 애셋(모든 키 프레
임 데이터 포함)이고, 다른 하나는 애니메이션 컨트롤러 애셋(메카님 시스템과 연
결)이다. 그리고 애니메이션 컨트롤러 애셋을 참조하는 Animator 컴포넌트가
씬 내의 카메라 오브젝트에 추가돼 씬이 시작될 때 자동으로 애니메이션 클
립 데이터를 재생한다. 메카님과 관련한 추가 정보는 4장에서 다룰 예정이다.
일단 현재로서는 애니메이션 컨트롤러가 애니메이션 재생을 처리한다는 정
도만 알고 넘어가자.

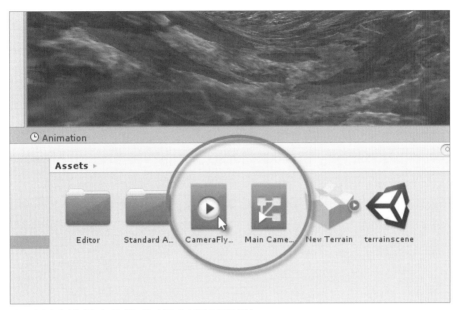

자동 생성된 애니메이션 컨트롤러를 갖는 신규 애니메이션 클립 생성

다음으로, 애니메이션 클립 애셋을 생성한 후 애니메이션 정의가 필요하다. 유니티는 수치 속성으로 키 프레임 데이터를 기록할 수 있다. 즉 위치나 회전 같은 오브젝트의 모든 속성은 수치로 표현할 수 있다는 의미로, 시간에 따른 카메라의 위치나 회전 값으로 기록 가능하다는 말이다. 이를 위해 애니메이션 창 내에 있는 **Add Property** 속성을 클릭한 후 컨텍스트 메뉴에서 애니메이션 을 적용할 채널을 선택하면 된다. 일단 **+** 버튼을 누르고 **Transform**으로 이동 한다. 그런 다음 위치^{Position} 채널이나 회전^{Rotation} 채널로도 이동할 수 있다. 이 는 두 개의 채널(위치, 회전)을 애니메이션 창에 추가해 애니메이션을 가능케 한다. 채널이란 간단히 키 프레임을 추가할 수 있는 속성을 말한다.

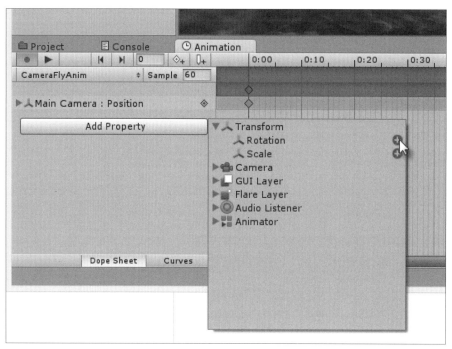

위치와 회전에 대한 애니메이션 채널 추가

기본으로, 두 키 프레임은 위치와 회전 채널에 대해 자동으로 생성된다. 한 프레임은 애니메이션 시작(0초)에, 나머지 한 프레임은 마지막(1초)에 위치한다. 키 프레임은 그래픽적으로 타임라인 내에서 회색 다이아몬드로 표시된다. 타임라인 상단에 있는 시간-측정 막대 내에서 마우스를 클릭하고 드래그하면 애니메이션 재생 위치를 조정하고 미리보기를 할 수 있다. 하지만 기본적으로 카메라에 대한 시작과 끝 키 프레임은 동일한데, 이는 애니메이션하는 동안 변하지 않음을 의미한다.

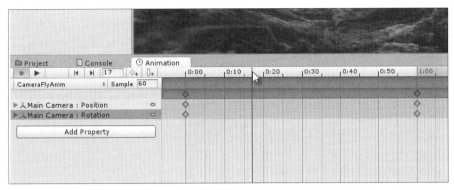
애니메이션 프레임 미리보기를 위한 애니메이션 재생 헤드 설정

애니메이션에서 특정 시간에 카메라를 위한 채널의 상태를 기록하기 위해 수동으로 키 프레임을 생성할 수도 있다. 이는 애니메이션 창의 왼쪽 칼럼^{Channel List}에서 기록할 채널을 우선 선택한 다음, 타임 슬라이더를 클릭하고 드래그해 적당한 시간으로 이동한 후 마지막으로 툴바에 있는 **Add Key Frame** 버튼을 클릭하면 된다. 이렇게 하면 새로운 키 프레임이 타임라인상의 재생 헤드 위치에 추가된다. **Shift** 키를 사용해 다수의 채널을 선택하면 다수의 키 프레임이 동시에 추가된다. 또한 키 프레임 다이아몬드 아이콘을 타임라인으로 끌어다 놓아서 시간 위치를 다시 설정할 수도 있으며 **Ctrl+C**와 **Ctrl+V**를 사용해서 복제할 수도 있다. **Backspace** 키나 **Delete** 키를 사용하면 선택된 키 프레임을 제거할 수도 있다.

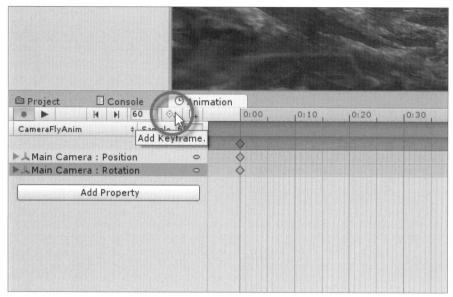

Add Keyframe 버튼을 사용해서 선택한 채널에 수동으로 키 프레임 생성하기

살펴본 것처럼 키 프레임을 수동으로 만드는 것도 좋은 방식이지만, 기왕이면 유니티가 씬 내에서의 움직임이나 변화, 오브젝트를 참고해서 자동으로 키 프레임을 생성하도록 하는 편이 더 쉽다. 그리고 카메라 이동 연출에 이 방식을 쉽게 적용할 수 있다. 일단 애니메이션 재생 헤드를 애니메이션 창에서 프레임 0에 가져다 놓고 간단히 씬 내에서 카메라를 이동 및 회전시켜 시작 위치로 가져간다. 그러면 유니티는 자동으로 해당 시점의 카메라 위치와 회전을 기록한다. 그런 후 재생 헤드를 0:15로 이동시키고 다시 카메라를 해당 시점에 해당하는 장소로 이동하고 회전시킨다. 그러면 유니티는 선택한 시간에 대해 새로운 키 프레임 세트를 생성한다. 이런 방식으로 0:30, 0:45, 1:00에 대한 카메라의 위치와 회전을 정의해 키를 생성한다.

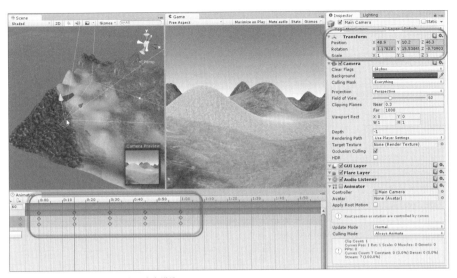

카메라 이동 애니메이션을 위한 키 프레임 생성

처음과 마지막 키 프레임을 동일하게 만들려면 Ctrl + C와 Ctrl + V를 사용해서
처음 키 프레임을 마지막인 1:00 위치에 복사한다. 이렇게 하면 마지막 상태
가 처음과 동일한 모습이 되므로 반복했을 때 자연스러워 보인다. 애니메이션
설정을 마쳤으면 이제 유니티 툴바에서 Play를 클릭해보자. 그러면 Animator
컴포넌트의 도움을 받아 자동으로 애니메이션이 재생된다. 만일 애니메이
션이 너무 빠르거나 느리면(혹은 반복되지 않는다면) 2장의 내용을 참고로 수정
한다.

이제 카메라가 날아다니며 이동하는 애니메이션 작업을 완성했다.

다수의 오브젝트를 함께 애니메이션 처리하기

앞 절에서 다룬 카메라가 날아 이동하는 애니메이션은 오직 카메라 하나의
오브젝트만 애니메이션에 관여한다. 하지만 때로는 다수의 오브젝트가 동시

에 애니메이션될 때도 있다. 예를 들면 자동차가 이동할 때 차의 몸체는 앞으로 이동하고 바퀴는 회전하는 식이다. 이런 형태처럼 다수의 오브젝트로 구성된 애니메이션을 처리할 때는 일단 모든 관련 오브젝트가 하나의 부모 오브젝트 아래에 있어야 한다. 자동차를 예로 들면, 모든 바퀴와 몸체, 엔진 등은 하나의 부모인 Car 아래에 있어야 한다.

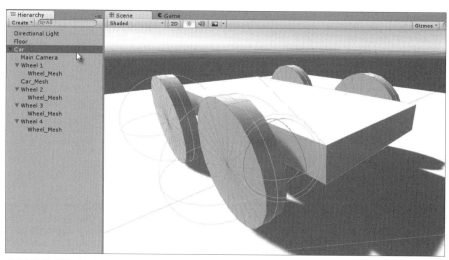

애니메이션을 위한 다수의 오브젝트 준비

 자동차 예제 프로젝트는 이 책과 함께 제공되는 파일의 Chapter03/CarAnim 폴더에 있다.

애니메이션 클립이 자식 오브젝트가 아닌 부모 오브젝트에 추가되면, 모든 자식의 채널도 애니메이션시킬 수 있으므로 애니메이션과 관련한 다수의 오브젝트를 제어할 수 있다. 애니메이션 에디터 창에서 Add Property를 클릭하고 팝업 메뉴로부터 추가할 채널을 선택한다. 메뉴는 모든 자식에 걸친 채널을 보여준다.

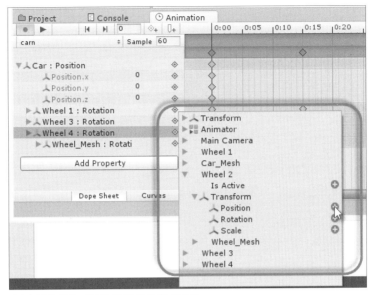

애니메이션을 위해 트랜스폼 채널을 자식 채널에 추가

애니메이션으로부터 함수 호출

애니메이션을 스크립트나 게임 로직과 연결해야 할 때가 자주 있다. 특히 애니메이션 재생이 특정 프레임 또는 시간에 다다르거나 애니메이션이 시작 또는 종료할 때 스크립트로 무언가 제어하거나 심지어 완전히 다른 오브젝트에 어떤 이벤트가 발생하길 원할 수도 있다. 지금 다루고 있는 카메라 이동 연출 애니메이션에서는 애니메이션이 끝나면 "Welcome!" 메시지를 화면에 보여주기로 하자. 이를 처리할 방법은 다양하겠지만, 그중 하나는 애니메이션이 끝났을 때 스크립트 함수를 실행하는 방법이다. 이렇게 애니메이션과 스크립트를 연결하기 위해서는 애니메이션 이벤트가 필요하다.

애니메이션에서 함수를 호출하려면 새로운 C# 스크립트 파일을 생성하거나 기존 파일을 수정해야 한다. 함수 이름은 적당히 지으면 되고 반환 타입은 void 또는 기타 형태면 된다. 인자는 없어도 되고 문자열이나 실수, 정수, 게임오브젝트 등을 취할 수 있다. 다음 코드는 별도의 인자를 취하지 않으며 함수가 호출됐을 때 환영 메시지를 GUI 캔버스에 보여준다. 함수는 카메라 이동 연출이 끝났을 때 호출된다. 이 스크립트 파일은 씬에 있는 카메라 오브젝트에 연결돼야 한다.

 애니메이션 이벤트와 관련한 추가 정보는 온라인 유니티 문서 docs.unity3d.com/Manual/animeditor-AnimationEvents.html에서 찾을 수 있다.

```
//-------------------------------------------
using UnityEngine;
using System.Collections;
using UnityEngine.UI;
//-------------------------------------------
public class ShowMessage : MonoBehaviour
{
  // 이벤트 발생 시 보여줄 GUI 캔버스의 참조
  public Canvas UICanvas = null;

  // Animation 이벤트에서 호출될 함수
  void ShowWelcomeMessage()
```

```
    {
        // 메시지를 보여줄 캔버스 활성화
        UICanvas.gameObject.SetActive(true);
    }
}
//-------------------------------------------
```

애니메이션과 `ShowWelcomeMessage` 함수를 연결하기 위해 다음 그림처럼 애니메이션 창을 열고 회색 막대 영역의 1:00 위치 키 프레임에서 오른쪽 버튼을 클릭하면, 컨텍스트 메뉴가 나타나며 선택된 키 프레임에 애니메이션 이벤트를 생성할 것인지 묻는다.

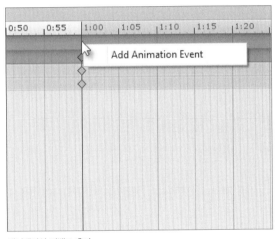

애니메이션 이벤트 추가

컨텍스트 메뉴에서 **Add Animation Event**를 클릭하면 Edit Animation Event 대화 상자가 나타나며 드롭다운 리스트 컨트롤을 보여준다. 이 메뉴를 통해 이벤트와 관련해 호출할 함수를 선택하면 된다. 직접 만든 함수가 목록에 나타나지 않는다면, 관련한 모든 스크립트 파일들이 애니메이션될 게임오브젝트에 제대로 연결됐는지 확인하자.

애니메이션 이벤트에 호출할 함수 선택

Edit Animation Event 대화 상자를 닫으면 이제 하얀색 마커가 애니메이션 타임라인에 표시돼 함수 호출 시간을 보여준다. 이 마커는 일반적인 키 프레임 오브젝트와 마찬가지로 편집하거나 지우거나 이동할 수 있다.

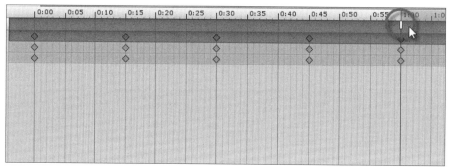

애니메이션 타임라인에서 애니메이션 이벤트 호출

이제 애니메이션이 재생될 때 이벤트가 정의된 특정 위치에 도달하면 자동으로 애니메이션 이벤트가 실행된다. 유니티 툴바에서 Play를 누르고 테스트해보자.

ShowMessage 스크립트의 UI Canvas 퍼블릭 멤버는 반드시 씬 내에 있는 유효한 UI Canvas 오브젝트를 참조해야 한다. 이 책과 함께 제공되는 파일의 Chapter3₩ AnimationEvents 폴더를 참고하자. UI Canvas와 관련해 추가 정보를 원한다면 온라인 유니티 문서 http://docs.unity3d.com/ScriptReference/Canvas.html을 참고하길 바란다.

애니메이션이 종료될 때 Welcome! 메시지 보여주기

파티클 시스템

파티클^{Particle} 시스템은 주로 특수효과나 다수로 이뤄진 애니메이션을 처리할 때 사용한다. 예를 들면 비나 눈, 스파클, 요정 가루, 새떼, 벌떼 등을 처리할 때 사용할 수 있다. 또는 형체가 없는 물체인 광선이나 먼지, 유령, 홀로그램 등에도 사용할 수 있다.

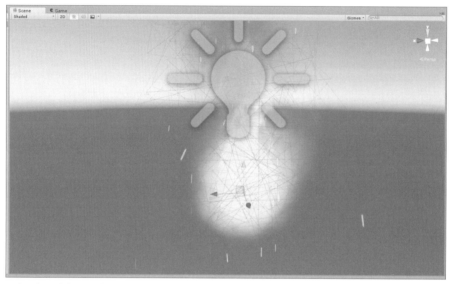

동작 중인 불 파티클 시스템

유니티 5는 폭발이나 불꽃, 연기나 안개처럼 흔히 사용되는 파티클 이펙트를 사전 제작해 제공하며, 단지 끌어서 씬에 놓기만 하면 된다. 이런 이펙트를 사용하기 위해서는 Particle Systems 애셋 패키지를 프로젝트로 불러와야 하는데, 애플리케이션 메뉴 Assets ➤ Import Package ➤ ParticleSystems 를 통해 불러올 수 있다. 불러오기를 마치면 유니티 Project 패널의 Assets ➤ ParticleSystems ➤ Prefabs를 통해 사용할 수 있다.

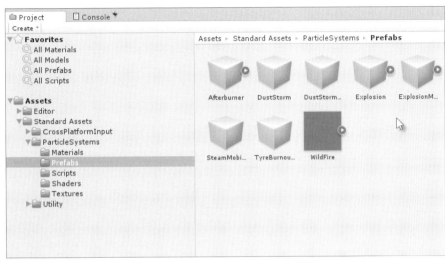

유니티 5가 제공하는 다양한 사전 제작 파티클 시스템

파티클의 종류는 다양하지만 모든 파티클 시스템은 공통적으로 세 가지 특징을 가진다. 첫 번째는 이미터emitter 엘리먼트로 고무호스나 관문처럼 파티클이 생성돼 나타나기 시작하는 곳이다. 두 번째는 파티클particle 자체로 이미터가 생성하는 작은 조각들을 의미한다. 예를 들어, 비가 내리는 효과라고 하면 개별 빗방울이 파티클에 해당한다. 눈이라면 눈송이, 새떼라면 새가 파티클이 된다. 마지막은 수명lifetime으로 모든 파티클은 생성부터 소멸까지의 수명을 가진다. 그리고 각 파티클은 각자의 궤적과 속도 등을 가지고 이 수명 동안 움직인다. 결국 애니메이션을 위한 파티클 시스템을 만든다는 것은 이 세 가지 요소를 정의하는 일이 된다. 다음 절에서는 유니티가 제공하는 슈리켄 시스템Shuriken System을 사용해 파티클 시스템을 만들어본다.

반딧불 파티클 시스템

특히 판타지 RPG 게임에서 흔히 사용하는 파티클 시스템 중 하나가 반딧불이다. 어두운 숲을 밤에 탐험하거나 안개가 낀 위험한 늪지대를 탐험할 때 작고 빛나는 반딧불이 날아다니는 모습을 자주 볼 수 있다. 이런 반딧불은 실제 게임 플레이에는 시스템적으로 아무런 영향을 주지 않지만 게임의 분위기를 살려주는 역할을 한다. 반딧불 시스템에서 밝게 빛나는 반딧불의 무리는 느리고 조용하게 떠다니며 각자의 고유한 속도를 가진다.

 이 파티클 시스템을 구현한 온전한 프로젝트는 이 책과 함께 제공되는 파일의 Chapter03/ParticleSystems 폴더에 있다.

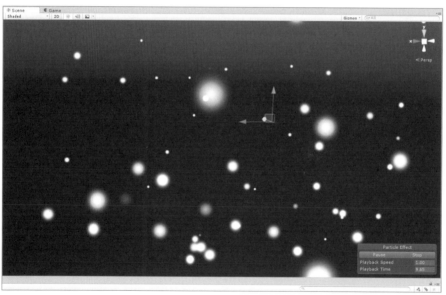

슈리켄을 사용한 반딧불 파티클 시스템 생성

기본 유니티 파티클 패키지는 반딧불 이펙트를 포함하지 않으므로 직접 만들어보자. 이를 위해 유니티가 제공하는 슈리켄 시스템을 사용할 예정이다. 유니티 메뉴의 GameObject ➤ ParticleSystem을 통해 새로운 파티클 시스템을 하나 만들자. 이 메뉴를 선택하면 새로운 기본 파티클 시스템이 씬에 생성되며, 이를 선택하면 파티클 시스템이 자동으로 씬 뷰포트에서 실행된다.

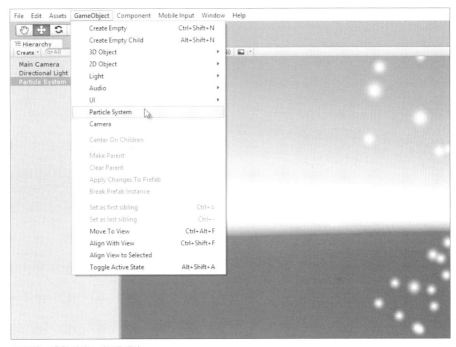

슈리켄을 사용한 파티클 시스템 생성

 프로젝트에서 씬의 광원 처리를 밤으로 설정했는데, 간단히 새로운 씬을 하나 만들고 기본 디렉셔널(directional) 광원을 위쪽으로 돌리면 된다. 유니티 5 기본 스카이박스는 자동으로 광원의 방향에 반응한다.

파티클 시스템 글로벌 속성

파티클 시스템을 씬에서 선택하면 슈리켄 에디터에서 속성을 확인할 수 있는데, 오브젝트 인스펙터 내에 있는 Particle System 컴포넌트처럼 보인다. 이 에디터는 몇 개의 카테고리로 구분되는데, 주요 글로벌 속성들이 선택한 파티클 시스템의 일반적인 속성과 행동을 결정한다.

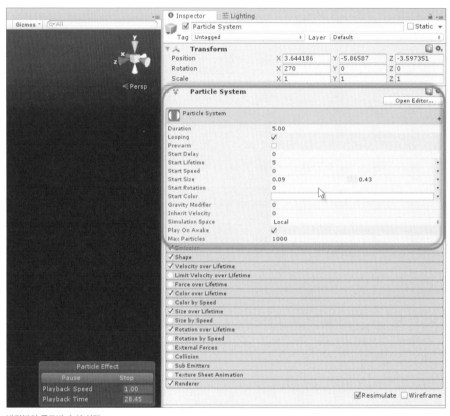

반딧불의 글로벌 속성 설정

Duration 값은 파티클 시스템 애니메이션의 총시간을 결정한다. 반딧불 이펙트에서 Start Speed 값은 0으로 설정했다. 이는 각 반딧불이 저마다 고유한 속도와 움직임을 가지며 슈리켄 에디터가 제공하는 좀 더 고급 설정으로 제어할 예정이기 때문이다. Start Size는 모든 파티클 전체의 크기를 결정하는데, 하나의 동일한 값으로 설정할 수도 있고 일정 범위 내에서 임의의 크기를 가지도록 할 수도 있다. 반딧불 시스템에서는 각기 다른 크기를 가지는 것이 자연스러우므로 오른쪽에 있는 화살표를 눌러서 이 필드의 값을 Random Between Two Constants로 설정하자.

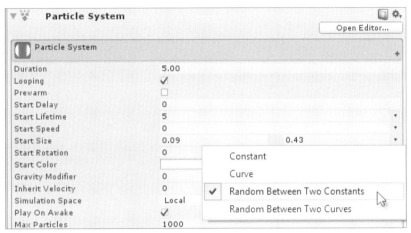

최솟값과 최댓값 사이에서 임의의 값 결정

이미터 모양과 발사 강도

앞에서 언급한 대로 모든 파티클 시스템은 새로운 파티클이 생성되는 이미터를 가지며 이미터는 각자 특별한 모양을 가진다. 이미터는 평면이거나 점, 큐브, 구, 커스텀 메시 등 다양한 모양을 가질 수 있다. 이는 파티클이 생성되는 곳 내부의 표면 영역이나 부피 내에서 표현되며 파티클이 생성되는 위치는 파티클마다 임의로 결정된다. 이미터의 모양을 결정하려면 슈리켄 에디터 내의 Shape 탭을 확장한 후 모양을 선택한다. 이때 Shape에 대한 체크박스는 선

택된 상태여야 한다. 반딧불 시스템에서 모든 파일은 하나의 구 영역 내에 포
함돼야 하며, 여기에서 구의 반지름은 2.5미터로 설정하자. Radius 크기는 보
기에 적당한 수준으로 결정하면 된다.

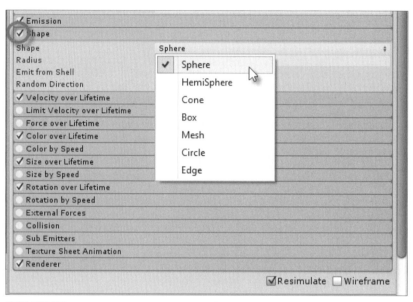

이미터 모양 설정

다음으로 슈리켄 에디터에서 Emission 부분을 열자. 여기에서는 초당 새롭게
생성되는 파티클의 수를 제어한다. 반딧불을 생성할 때는 너무 과도하게 많은
파티클이 생성되지 않도록 하는 편이 좋으므로 Emission의 Rate를 18.5로 설
정했다.

파티클 생성 속도 설정

파티클 렌더러

시스템의 모든 파티클은 동일한 렌더러^{Renderer} 또는 형태를 사용한다. 파티클의 형태 설정은 슈리켄 에디터의 Renderer 부분에서 제어한다. Render Mode 필드는 파티클이 보이는 형태를 제어하는데, 두 가지 주요 타입인 Billboard와 Mesh로 구성된다. 빌보드 파티클은 텍스처가 입혀진 사각형 메시로 만들며, Mesh 파티클은 좀 더 복잡한 메시로 구성된다. 프로젝트로 가져온 메시는 모두 사용할 수 있다. Render Mode 설정과 더불어 파티클 메시에 지정할 재질^{material}도 필요하다.

파티클에 사용할 수 있는 재질에 제약은 없지만, 반딧불 시스템은 기본 유니티 파티클 애셋에서 제공하는 사전 제작 재질을 사용한다. 유니티 메뉴의 Assets ➤ Import Package ➤ ParticleSystems를 통해 불러올 수 있으며, 여기에서 선택한 재질은 ParticleAfterburner다. 간단히 이 재질을 끌어서 오브젝트 인스펙터의 Material 슬롯에 놓으면 된다.

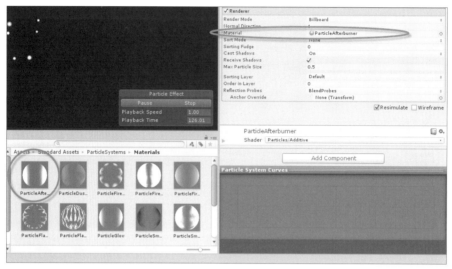

파티클 렌더러 설정

파티클 속도

반딧불 파티클 시스템에서 가장 중요한 요소 중 하나는 각 파티클이 서로 다른 경로를 따라 이동한다는 점이다. 이는 각 파티클이 반딧불 무리에 속해 있는 독립된 반딧불을 의미하기 때문이다. 반딧불의 수명이 유지되는 동안 이동 속도는 Velocity over Lifetime에 의해 결정된다. 오브젝트 인스펙터에서 이 부분을 펼치면 세 개의 상수 x, y, z를 볼 수 있다. 이 세 개의 상수는 세 개의 컴포넌트로 구성된 벡터를 정의해 파티클의 방향과 속도를 결정한다. 이런 특징때문에 각기 다른 방향으로 이동하는 반딧불 시스템은 이 벡터를 사용하기에 적당하지 않다.

각 반딧불의 방향을 임의로 결정하기 위해 속도 모드를 Constant에서 Random Between Two Curves로 변경해야 한다. 이를 변경하기 위해 Velocity over

106

Lifetime 항목의 우측 상단 구석에 있는 아래쪽 화살표를 클릭한다. 만일 옵션이 비활성 상태라면 체크박스가 선택됐는지 확인하자.

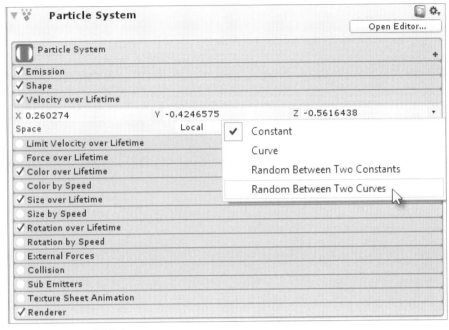

Velocity over Lifetime 제어 준비

두 개의 커브를 사용하면 각 파티클의 수명주기 동안의 최소 및 최대 속도 범위를 정할 수 있다. 커브 설정을 위해 인스펙터의 축을 클릭하면 오브젝트 인스펙터의 Preview 패널에 그래프가 토글되며 나타난다. 각 축을 클릭하면 하나씩 그래프를 확인할 수 있다. Preview 패널을 더블 클릭하면 라인 위에 점이 표시되며, 이 점을 잡고 움직이면 그래프의 모양을 변경할 수 있다. 수평축은 시간을 의미하고 수직축은 해당 시점의 속도를 의미한다. 커브의 형태는 파티클의 수명주기 동안 속도의 변화에 해당한다. 커브에서 원하는 지점을 더블 클릭하면 제어 포인트를 추가로 생성할 수 있다.

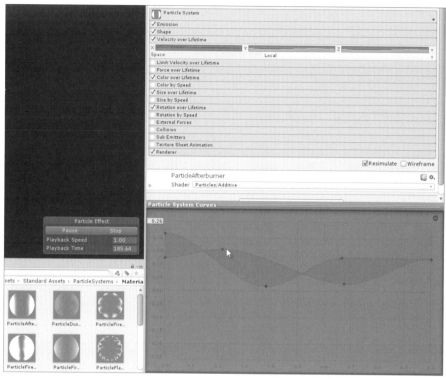

파티클 속도 설정

첫 번째 커브를 생성한 후 나머지 축도 동일한 방식으로 처리하면 된다. 커브
작업을 마치면 독립적으로 움직이는 파티클을 확인할 수 있다.

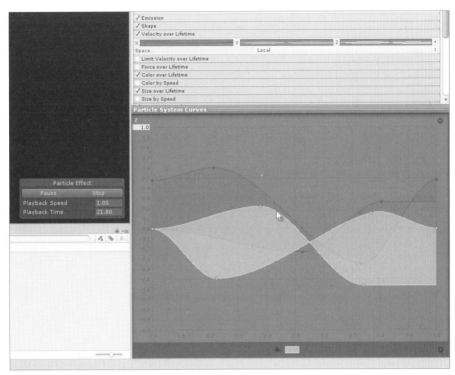

Velocity over Lifetime 그래프 완성

파티클 색상과 소멸

반딧불 시스템을 완성하려면 파티클이 나타나고 사라지는 방식을 변경해야 한다. 기본적으로 파티클은 갑자기 나타나고 사라진다. 이렇게 반딧불이 갑자기 나타나고 사라지는 형태는 분명 어색하게 보일 수 있다. 이 문제를 개선하기 위해 Color over Lifetime 항목을 사용해 시간의 흐름에 따라 파티클의 색상을 변경해보자. 파티클 색상은 알파 채널 또는 알파 투명도라는 것을 포함하고 있으므로 이를 제어하면 파티클이 서서히 나타나고 사라지는 효과를 줄 수 있다.

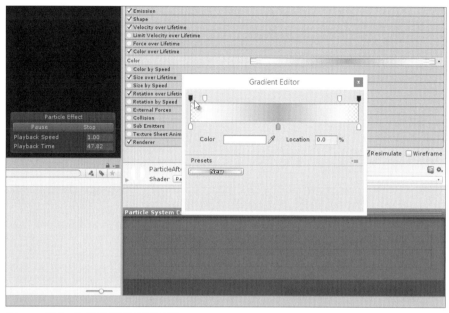

Color over Lifetime을 사용한 파티클 투명도 조절

파티클의 수명주기 동안 색상을 제어하기 위해 오브젝트 인스펙터 내의 **Color over Lifetime** 항목에서 색상표를 클릭하면 그래디언트 에디터^{Gradient Editor}가 나타나며, 그래디언트 컨트롤을 통해 파티클 수명주기 동안의 색상을 확인할 수 있다. 컨트롤은 가로로 펼쳐지는데, 왼쪽은 파티클의 생성, 오른쪽은 파티클의 소멸을 나타낸다. 그래디언트 막대 차트 하단은 파티클의 휴^{hue}(색상)를 기록하고 상단은 투명도를 기록한다. 그래디언트의 상단을 클릭하면 마우스 위치에 북마크 슬라이더가 추가되고, 슬라이더를 클릭하면 해당 시점의 알파 값을 설정할 수 있다. 0은 완전 투명을, 255는 완전 불투명을 의미한다. 그래디언트의 시작과 끝에 두 개의 북마크를 추가하고 파티클 투명도를 모두 0으로 설정하자. 이어서 0과 1 사이에 두 개의 북마크를 더 추가한 후 파티클이 온전히 보이도록 255로 설정하면 파티클이 서서히 보이면서 등장하고 서서히 흐려지면서 사라지게 된다.

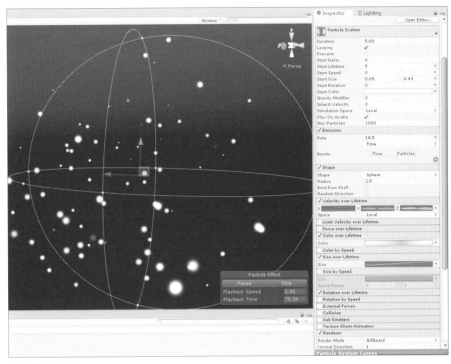

최종 반딧불 시스템

드디어 게임 내에서 다양하게 활용할 수 있는 반딧불 파티클 시스템을 완성
했다. 이제 이 시스템의 프리팹을 만들어두면 원하는 씬에 단순히 끌어다 놓
는 것만으로 씬에 추가할 수 있다.

요약

3장에서는 게임 내 애니메이션을 처리하기 위한 네이티브 유니티 애니메이
션 창과 파티클 애니메이션 생성에 대해 살펴봤다. 애니메이션 에디터는 애니
메이션 클립 데이터를 생성하며, 시간의 흐름에 따라 변하는 키 프레임 정의
를 담고 있다. 이는 나중에 살펴보겠지만 메카님 시스템과 호환된다. 이와 달

리 파티클 시스템은 완전한 절차식 처리로 진행되며, 애니메이션 데이터를 키 프레임에 저장하지 않는다. 애니메이션은 오브젝트 인스펙터 내의 슈리켄 에 디터를 사용해 정의한 그래프 기반의 입력을 토대로 런타임에 동적으로 결정 된다. 이는 파티클 시스템에 강한 유연성을 제공한다. 4장에서는 인간형 캐 릭터를 제외한 메카님 기반의 애니메이션에 대해 좀 더 자세히 살펴본다.

4

메카님 비캐릭터 애니메이션

4장에서는 이동 가능한 오브젝트를 제공하는 인터랙티브 씬을 만들어가면서 메카님 애니메이션에 관해 좀 더 깊이 있는 내용을 다룬다. 구체적으로는 플레이어가 버튼을 누르면, 이에 반응해 자동으로 문이 열리는 씬을 만들 생각이다. 이 프로젝트를 진행하면서 유니티가 제공하는 메카님 애니메이션 시스템을 살펴보고, 일반적인 스크립트 작업 없이 어떤 방식으로 인터랙티브한 환경을 만드는지 알아보자.

프로토타이핑 애셋을 포함한 씬 준비

4장에서 다룰 애니메이션은 사전 제작된 씬과 프로젝트로부터 시작한다. 프로젝트는 이 책과 함께 제공하는 파일의 Chapter04/DoorAnim 폴더에서 찾을 수 있다. 씬은 일부 프롭prop과 애셋을 포함하고 있으며 유니티 5 프로토타이핑 애셋을 사용해 간단하게 조립된 형태다. 이 기능을 사용하면 예제 씬 구성에 필요한 프리팹과 오브젝트(바닥이나 계단 등)를 쉽게 구할 수 있다.

다음 스크린샷처럼 예제 씬으로부터 프로젝트를 시작하자. 물론 원한다면 직접 자신이 구성한 환경을 기반으로 진행해도 된다. 예제 애셋 패키지를 불러오기 위해 유니티 메뉴에서 Assets ➤ Import Package ➤ Prototyping으로 이동한다.

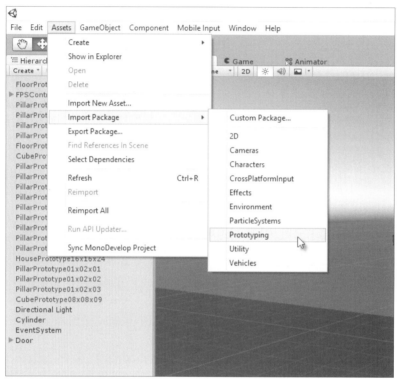

예제 프로토타이핑 애셋 불러오기

일단 프로토타이핑 애셋을 불러오면 사전 제작 프리팹을 드래그해 씬에 놓으면서 환경을 구성할 수 있다. 프로토타이핑 프리팹은 Standard Assets ➤ Prototyping ➤ Prefabs에 있다.

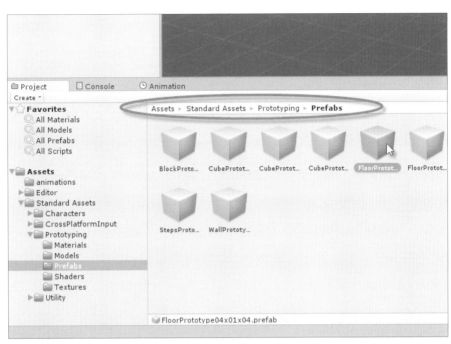

프로토타이핑 프리팹

다음은 애니메이션 프로젝트에 사용할 씬으로, 문을 여는 데 사용할 버튼과
이를 눌렀을 때 반응할 문을 포함하고 있다.

버튼과 문

버튼과 문을 위한 애니메이션 생성

메카님을 사용하기 전에 기본적인 애니메이션 데이터가 필요하다. 일단 여기에서는 버튼과 문 애니메이션이 하나씩 필요하다. 버튼을 눌렀을 때 들어갔다 나오는 애니메이션과 경첩을 사용해 회전하며 열리는 문 애니메이션이 필요하다. 이 애니메이션은 3장에서 설명한 애니메이션 창을 사용하면 유니티 에디터 환경에서 직접 만들 수 있으므로 여기에서는 간단히 살펴보고 넘어갈 생각이다.

버튼이 눌리는 애니메이션을 만들기 위해 씬이나 뷰포트 또는 계층 구조에서 버튼 오브젝트를 선택한 후 애니메이션 창으로 전환한다. 메인 메뉴에서 Window ➤ Animation을 통해 접근할 수 있으며, 단축키 Ctrl+6을 눌러도 된다. 애니메이션 창에서 타임라인을 따라 `Transform.Position` 트랙에 키 프레임을 추가하자. 시작과 중간 그리고 마지막인 0초와 0.5초 그리고 1초에 추가하면 된다.

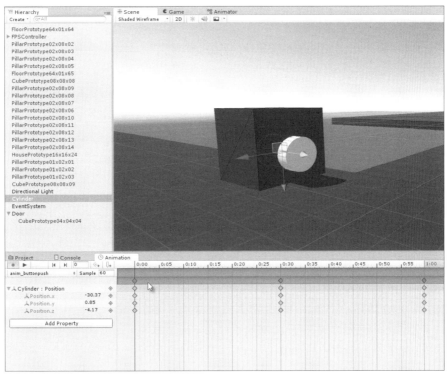

버튼 눌림 애니메이션 생성

버튼이 눌렸다가 다시 원위치로 돌아와야 하므로 처음과 마지막 키 프레임
은 동일해야 한다. 반면에 중간 키 프레임은 버튼이 소켓 안쪽으로 눌린 상태
여야 한다. 이 키 프레임을 만들려면 간단히 빨간색 타임 슬라이더를 타임라
인의 중간으로 이동한 후 씬에서 버튼이 눌린 위치로 이동한다. 이렇게 키 프
레임을 설정하면 버튼을 눌렀을 때 버튼이 눌렸다가 다시 제자리로 돌아오는
모습을 볼 수 있다. 애니메이션의 시작과 마지막에서 버튼의 움직임을 좀 더
부드럽게 하려면 커브 에디터$^{Curves\ Editor}$를 사용해 커브를 좀 더 평탄하게 만든
다. 커브 에디터는 애니메이션 창 왼쪽 아래 구석에 있는 Curves 버튼을 눌러
사용할 수 있다. 직접 Handles를 사용해 커브를 만지기 어려우면 원하는 지

점에서 오른쪽 클릭을 할 때 나타나는 컨텍스트 메뉴에서 Flat을 선택해도
된다.

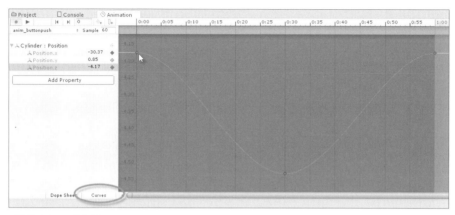

버튼 움직임 부드럽게 하기

좀 더 복잡하긴 하지만 문 열기 애니메이션도 비슷한 방식으로 만들 수 있다.
문 애니메이션에서는 경첩을 중심으로 회전시키는 부분이 중요하다. 기본적
으로는 문을 구성하는 큐브나 박스, 메시 오브젝트에서 회전 애니메이션을 위
한 경첩의 위치를 잘 잡아야 한다. 그렇지 않으면 문이 자신의 중심을 기준으
로 회전할지도 모르기 때문이다. 이 문제를 해결하기 위해서는 빈 오브젝트를
문 메시의 부모로 설정하고 회전시키고자 하는 경첩의 위치에 붙이면 된다.
그리고 문 메시가 아닌 부모를 대신 애니메이션시키면 된다.

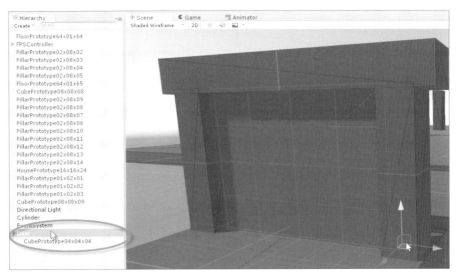

문 열기 애니메이션을 위한 피봇 지점 생성

문 열기 애니메이션은 두 개의 키 프레임을 생성해야 한다. 하나는 시작(닫힘) 지점이고, 나머지는 마지막(열림) 지점이다. 버튼 누르기 애니메이션과 마찬가지로 커브 에디터를 사용하면 좀 더 부드러운 애니메이션을 구현할 수 있다.

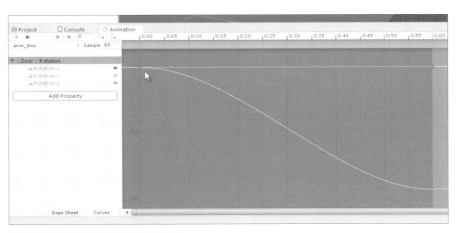

문 열기 애니메이션을 위한 애니메이션 커브 정의

메카님 사용하기

버튼과 문의 애니메이션을 생성하면 Game 탭에서 씬을 플레이할 때마다 자동으로 반복 재생된다. 이는 애니메이션 클립 애셋을 생성할 때 유니티가 자동으로 애니메이션되는 오브젝트에 애니메이터 컨트롤러Animator Controller 애셋을 만들어 지정하기 때문이다. 컨트롤러 자체는 메카님 시스템의 일부로 상태 기계State Machine를 사용해서 애니메이션 클립의 재생을 정의한다. 기본적으로는 씬이 시작할 때 애니메이션 클립을 재생하며, 새로 만들어지는 모든 애니메이션 클립 애셋은 반복되도록 설정돼 있다. 우리가 만든 버튼이나 문은 자동 재생이나 반복 재생이 될 필요가 없으므로 일단 각 애니메이션 클립에서 반복 옵션을 비활성화하자. 이를 위해 Project 패널에서 각 애니메이션 클립을 선택하고 오브젝트 인스펙터에서 Loop Time 체크박스를 해제하자. 이렇게 하면 애니메이션은 반복 재생되지 않고 단 한 번만 재생된 후 멈춘다.

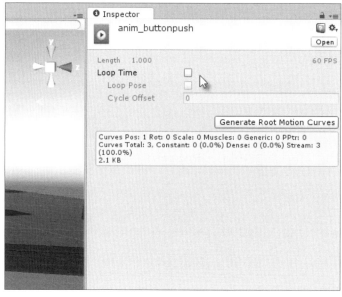

반복 애니메이션 비활성화

반복 재생은 비활성화했지만, 애니메이션은 여전히 자동으로 시작된다. 이는 애니메이터 컨트롤러 애셋이 각 오브젝트 버튼과 문에 지정돼 있기 때문이다. 이를 변경하기 위해서는 일단 애니메이터^Animator 창을 열어야 한다. 메뉴에서 Window ➤ Animator를 통해 열거나 Project 패널에 있는 애니메이션 컨트롤러 애셋을 더블 클릭하면 된다. 그러면 컨트롤러 애셋이 애니메이션 클립 애셋 옆에 생성된다.

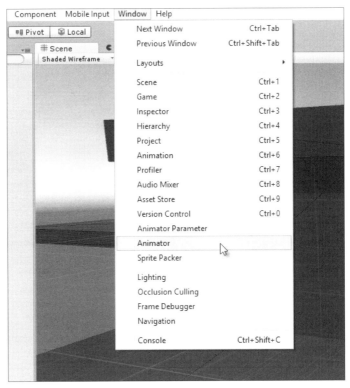

애니메이터 컨트롤러 접근하기

씬에서 버튼 오브젝트를 선택하고 애니메이터 창을 보면 연결된 노드(상태)의 조합으로 구성된 메카님 상태 기계를 볼 수 있다. 상태는 언제 어떻게 애니메이션 클립이 재생되는지를 런타임에 제어한다. 기본적으로 녹색 Entry 상태

는 anim_ButtonPush(버튼 누르기 애니메이션에 지정한 이름) 상태에 직접 연결
돼 있다. 씬이 시작되면 Entry 노드가 활성화되며, 그래프의 연결 상태에 따
라 실행된다. Entry 노드가 버튼 누르기 애니메이션 클립에 연결돼 있으므로
씬을 시작할 때마다 자동으로 버튼 누르기 애니메이션이 재생된다. 이를 변경
하기 위해 일단 그래프 영역 아무 곳에서나 오른쪽 버튼을 누르고 컨텍스트
메뉴에서 **Create State ▶ Empty**를 선택하자. 그러면 메카님은 그래프에 새로운
빈 노드를 생성하는데, 이는 이 노드가 활성화될 때 씬에 추가된 오브젝트가
아무런 행동도 하지 않는다는 것을 의미한다.

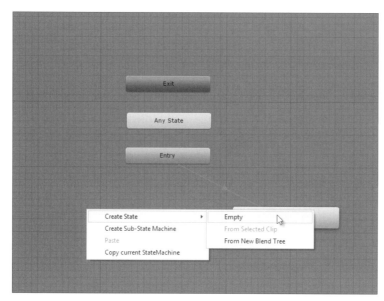

메카님 그래프에 빈 상태 생성

하지만 새로 만든 노드는 아무 데도 연결돼 있지 않은 상태고, 이는 씬이 시작
되는 Entry 노드로부터의 연결 고리가 없다는 의미이므로 활성화될 방법이
없다. Entry 노드는 항상 오렌지색 기본 노드에 연결된다. 일단 새로 만든
빈 노드를 선택하고 오브젝트 인스펙터의 **Name** 필드에서 이름을 Idle로 변
경하자.

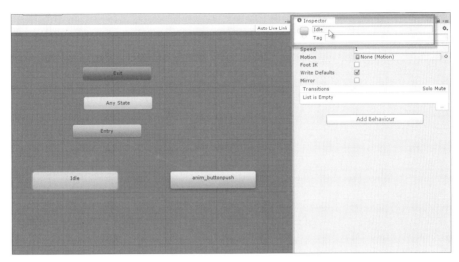

메카님 노드 변경

앞서 이야기한 것처럼 Entry 노드는 항상 오렌지색 기본 노드에 연결되므로 Idle 노드를 기본 노드로 만들자. Idle 노드에서 오른쪽 클릭을 하고 **Set as Layer Default State**를 선택하면 Entry 노드는 이제 Idle 노드로 연결된다. 이제는 더 이상 씬을 시작해도 버튼 애니메이션이 자동으로 재생되지 않는다.

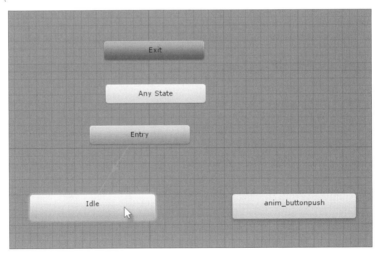

기본 상태 설정

메카님 트랜지션과 파라미터

앞서 만든 버튼 누르기 메카님 그래프에서 씬 시작 시 애니메이션이 자동으로 재생되는 문제를 해결했으니 이제는 플레이어가 버튼을 클릭했을 때 눌리는 애니메이션이 재생되도록 해줘야 한다. 이제 메카님 그래프를 새로 작성해서 임의의 시점에 버튼 누르기 애니메이션이 재생될 수 있도록 해야 한다. 이를 위해 트랜지션transition과 파라미터parameter를 사용해보자. 트랜지션은 단순히 상태 간의 연결로 한 상태에서 다른 상태로 이동하도록 한다. 파라미터는 변수 또는 스위치로 두 상태 간에 트랜지션을 유발한다. 이제 Idle 상태에서 버튼 누르기 상태로 전환하는 데 사용할 파라미터를 만들어보자. 이 파라미터는 애니메이션 재생 시작을 위한 제어 스위치처럼 동작한다. 애니메이터 창 안에서 왼쪽 상단의 Parameters 탭을 클릭하자.

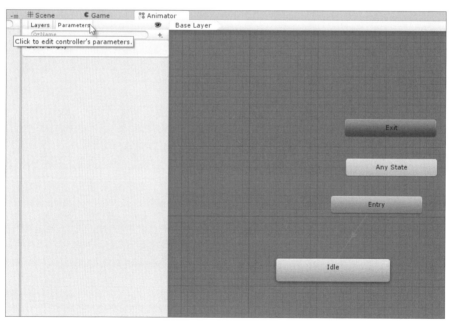

Parameters 탭 접근

124

새 파라미터 추가를 위해 + 아이콘을 클릭하자. 다양한 타입을 선택할 수 있는데, 여기에서는 Trigger를 선택하자. 트리거는 제어 스위치처럼 동작한다. 일단 활성화되면 상태 간의 전이를 유발한다.

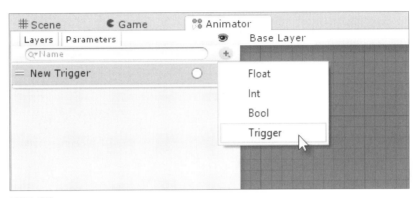

트리거 생성

트리거 이름을 PushButton과 같이 지정하자. 일단 트리거를 생성하면 파라미터 목록에 표시되고 이름 옆에 체크 표시가 나타나며 디버깅과 테스트 목적으로 런타임에 눌러 에디터에서 바로 트리거를 활성화할 수 있다. 이제 트리거를 생성했으니 실제 동작하도록 그래프에서 트랜지션에 연결해야 한다. 트랜지션은 Idle 상태와 애니메이션 사이에 생성해야 한다. 트랜지션을 만들기 위해 Idle 상태에서 오른쪽 버튼을 클릭한 후 컨텍스트 메뉴에서 Make Transition을 선택하자.

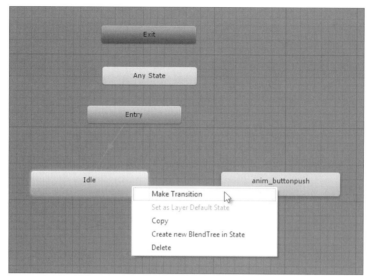

트랜지션 생성

그런 후 Idle 상태에서 버튼 애니메이션으로 가는 연결 트랜지션 화살표를 클릭하면 좀 더 많은 속성을 오브젝트 인스펙터에서 확인할 수 있다. 이런 속성들은 언제 그리고 어떻게 트랜지션이 발생하는지를 제어한다.

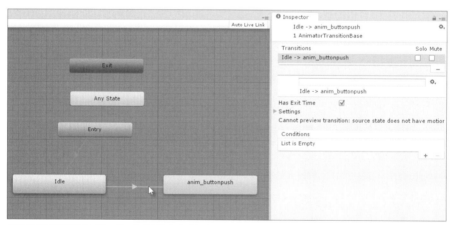

트랜지션을 선택하면 오브젝트 인스펙터를 통해 더 많은 속성을 확인할 수 있다.

기본적으로 트랜지션은 종료 시점에 발생한다. 이는 Idle 상태가 1회 또는 일정 시간 유지된 후 자동으로 버튼 누르기 상태로 전환된다는 의미다. 플레이어가 버튼을 누르지 않더라도 말이다. 씬을 플레이하고 Scene 탭에서 버튼 오브젝트에 일어나는 현상을 확인해보면 알 수 있는데, 씬을 시작하면 잠시 후 자동으로 버튼이 안으로 눌리는 모습을 볼 수 있다. 하지만 우리가 원하는 것은 PushButton 트리거가 활성화될 때 트랜지션이 발생하는 형태다. 이를 위해 트랜지션을 선택했을 때 오브젝트 인스펙터에 나타나는 Has Exit Time 체크 박스를 해제하자. 이렇게 하면 Idle 상태가 자동으로 버튼 누르기 애니메이션으로 넘어가는 현상을 방지할 수 있다.

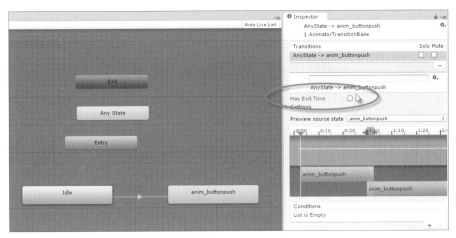

Has Exit Time 비활성화

다음으로, 트랜지션이 활성화돼야 하는 시점을 정의하기 위해 오브젝트 인스펙터 내의 Conditions 패널을 사용할 수 있다. + 아이콘을 클릭하면 새로운 조건을 추가할 수 있다. 드롭다운 목록에서 PushButton 트리거를 선택하자. 그러면 PushButton 트리거가 트랜지션에 연결된다.

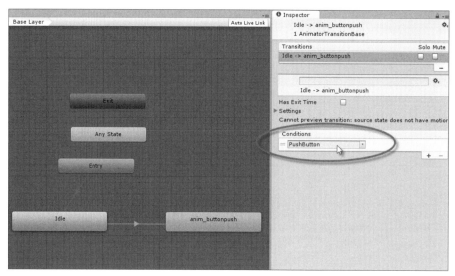

트랜지션을 PushButton 트리거로 연결

런타임에 트랜지션에 대한 트리거 연결을 테스트할 수 있다. 간단히 씬 내에서 버튼 오브젝트를 선택한 후 툴바에서 Play 버튼을 클릭하고 애니메이터 창의 Parameters 패널에서 Trigger 체크 박스를 클릭하면 된다. 그러면 Scene이나 Game 탭에서 버튼 누르기 애니메이션을 확인할 수 있다.

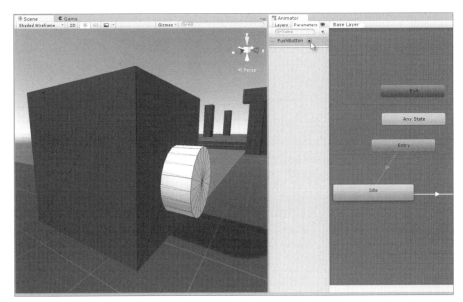

PushButton 트리거 테스트

메카님 그래프에서 버튼의 상태 기계와 관련한 마지막 문제는 일단 버튼이
한 번 눌리면 버튼 누르기 상태로 바뀌고 애니메이션이 종료된 이후에도 그
상태에 그냥 머무른다는 점이다. 이는 플레이어가 반복해서 버튼을 누르지 못
하게 된다는 의미다. 따라서 버튼 누르기 상태가 종료되면 다시 Idle 상태로
돌아오도록 해야 한다. 이를 위해 버튼 누르기 애니메이션 상태에서 오른쪽
버튼을 클릭한 후 컨텍스트 메뉴에서 Make Transition을 선택하자. 그런 후 연
결을 다시 Idle 상태로 드래그해 연결하자. 트랜지션과 관련한 나머지 설정은
기본 상태로 두자.

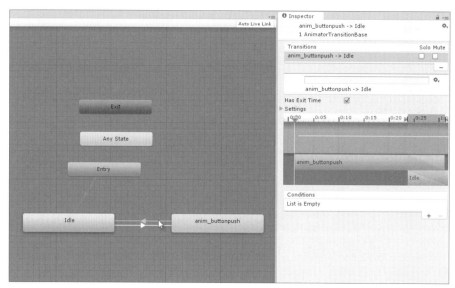

상태 간의 양방향 연결 생성

이제 버튼 오브젝트에 대한 메카님 그래프는 완성됐으며 트리거와 트랜지션 간의 연결은 런타임에 애니메이터 창을 통해 확인할 수 있다. 하지만 여전히 플레이어는 씬 내의 버튼을 눌러서 트랜지션을 하지 못한다. 이제 문과 관련한 메카님 그래프를 살펴보고 이 문제를 해결하자.

문 열기 메카님 그래프 생성

지금까지 버튼 누르기에 적용한 기법을 문 열기 애니메이션에도 그대로 적용할 수 있다. 다음 스크린샷은 문을 위한 메카님 그래프다. 문이 닫힌 모습인 Idle 상태가 있고, 이는 OpenDoor 트리거에 의해 활성화돼 문 열기 애니메이션으로 전환된다.

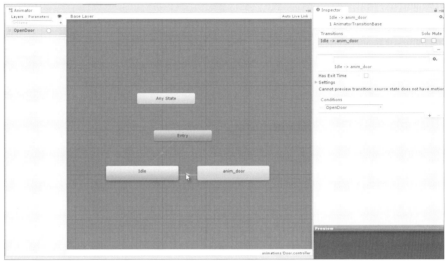

문을 위한 완전한 메카님 그래프

문 열기 그래프의 테스트 방법은 버튼 누르기 그래프와 비슷하다. Scene이나 Hierarchy 패널에서 문 오브젝트를 선택한 후 게임을 플레이하고 애니메이터 창의 Parameters 패널에서 OpenDoor 트리거를 클릭하면 문이 열리는 모습을 확인할 수 있다.

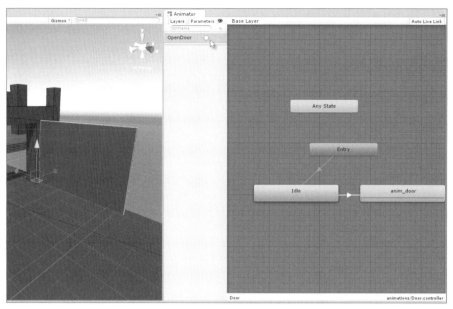

문 열기 애니메이션 테스트

씬 상호작용 구성

여기에서 만든 예제 씬은 최종적으로 두 개의 애니메이션 클립과 두 개의 애니메이션 컨트롤러를 가진다. 애니메이션 컨트롤러는 애니메이션 클립과 씬 오브젝트 간의 상태 연관성을 정의한다. 이전 절에서 문과 버튼 모두 컨트롤러는 각 트리거에 의해 활성화되도록 구성했는데, 문제는 플레이어가 직접 게임에서 트리거를 활성화하지 못한다는 점이다. 단지 개발자 입장에서 볼 때 유니티 에디터상에서만 가능한 일이었다. 이제는 플레이어가 직접 버튼을 누를 수 있게 해줘야 한다. 이는 버튼을 누르면 버튼 애니메이션과 문 열기 애니메이션이 동시에 진행돼야 한다는 의미다. 이를 위해 스크립트를 사용할 수도 있겠지만, 여기에서는 간단히 유니티 이벤트 시스템Unity Event System을 사용해보자.

유니티 이벤트 시스템은 특정 카메라를 통해 마우스와 키보드를 감지해 자동으로 클릭된 오브젝트를 찾아주고 비주얼 스크립팅Visual Scripting 시스템을 사용해서 이 입력에 대응하는 방법을 제공한다. 일단 메뉴에서 GameObject ➤ UI ➤ Event System으로 이동해 씬에 이벤트 시스템부터 만들자. 카테고리는 UI지만 활용처는 UI 외에도 다양하다.

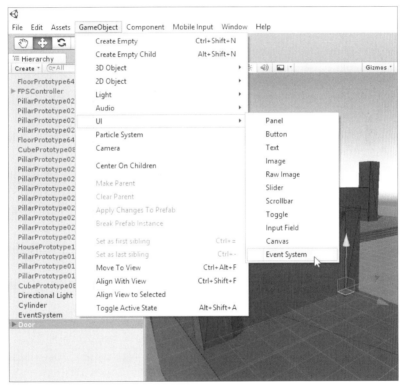

이벤트 시스템 생성

다음으로 씬 내에서 메인 카메라를 찾아 선택하자. 이 책과 함께 제공되는 파일에 포함된 예제 씬에서 카메라는 FirstPersonCharacter에 연결돼 있다. 카메라를 선택한 후 메뉴의 Component ➤ Event ➤ Physics Raycaster를 통해 Physics Raycaster 컴포넌트를 추가하자. 이 컴포넌트를 추가해야만 이벤트 시스템이 클릭된 오브젝트를 찾아낼 수 있다. 연결할 카메라는 플레이어가 세상을 바라볼 때 사용하는 게임 카메라여야 한다. 그렇지 않으면 제대로 오브젝트를 찾아낼 수 없다.

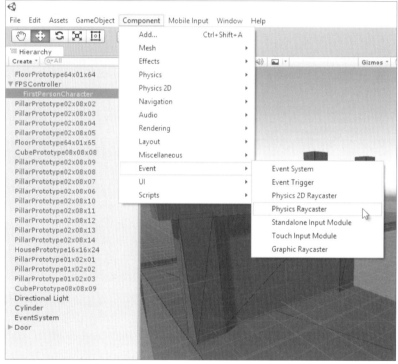

Physics Raycaster 컴포넌트를 카메라에 추가

씬에 이벤트 시스템을 추가하고 카메라에 Physics Raycaster 컴포넌트를 추가
하면, 버튼 오브젝트를 동작시킬 준비는 끝난다. 씬에서 버튼 오브젝트를 선
택하고 메뉴에서 Component ➤ Event ➤ Event Trigger로 이동해 Event Trigger
컴포넌트를 추가하자.

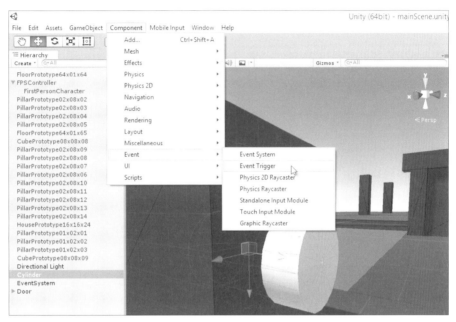

Event Trigger 컴포넌트를 씬 내의 버튼 오브젝트에 추가

버튼 오브젝트에 Event Trigger 컴포넌트를 추가한 후 오브젝트 인스펙터에서
Add New Event Type 버튼을 클릭해 특정 이벤트를 수신하겠다고 설정하자.
이때 나타나는 컨텍스트 메뉴에서 PointerClick 이벤트를 선택한다.

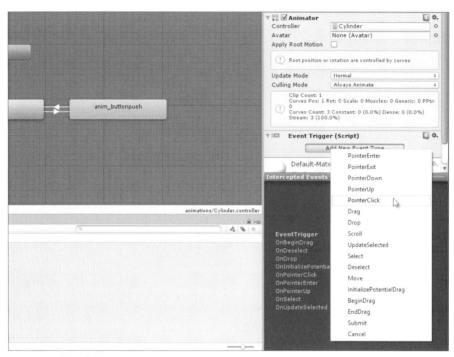

PointerClick 이벤트 설정

이 항목에서는 버튼에 **PointerClick** 이벤트가 발생했을 때 수행할 일련의 행동을 선택해 새로운 섹션이나 패널을 컴포넌트에 추가한다. 특히 두 가지 행동이 반드시 수행돼야 한다. 하나는 트리거 PushButton을 사용한 버튼 애니메이션 활성화며, 나머지는 DoorOpen 트리거를 사용한 문 열기 애니메이션 활성화다. 이를 위해 **Event Trigger** 컴포넌트의 **+** 아이콘을 클릭한 후 **PointerClick** 이벤트 카테고리 하위에 새로운 액션을 추가하자. 빈 액션 슬롯에 정의하면 된다.

Event Trigger 컴포넌트와 PointerClick 이벤트를 위한 새로운 액션 생성

이벤트에 추가된 각 액션에 대한 여러 개의 질문에 답해야 한다. 첫째, 씬 내의 어떤 오브젝트가 액션에 영향을 받는가? 둘째, 오브젝트의 어떤 함수나 속성이 변경되거나 실행되는가? 마지막으로, 인자나 파라미터가 필요한가? 이번 액션에 대해 살펴보자. 첫 번째 액션은 버튼 누르기 애니메이션 활성화다. 이 액션은 버튼 오브젝트에서 발생한다. 이는 버튼 오브젝트가 애니메이션 컨트롤러를 지원하기 때문이다. 따라서 버튼 오브젝트를 게임오브젝트 슬롯에 끌어다 놓아 대상 오브젝트로 지정하자.

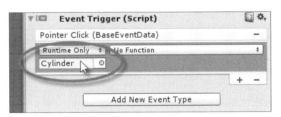

액션에 대한 대상 오브젝트 지정

다음으로, Animator Component ➤ SetTrigger(String)를 통해 함수 드롭다운을 설정할 수 있다. 이는 버튼 오브젝트가 클릭됐을 때 유니티가 활성화해야 하는 트리거를 지정한다.

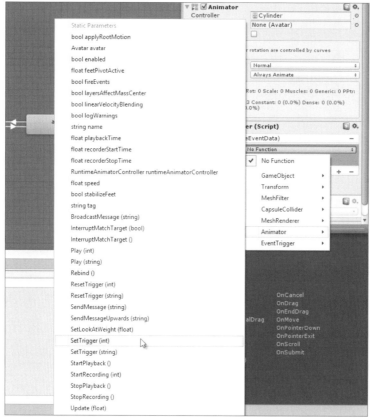

버튼 오브젝트 액션에 대한 함수 설정

마지막으로 문자열 필드에 활성화해야 하는 트리거의 이름을 입력하자. 버튼 오브젝트라면 메카님 애니메이션 컨트롤러에서 정의한 트리거의 이름인 PushButton을 입력하면 된다.

버튼 오브젝트 액션에 대한 함수 설정

+ 아이콘을 다시 눌러서 문 오브젝트에 대한 두 번째 액션을 추가하자. 문을 여는 OpenDoor 트리거를 설정하기 위해 `SetTrigger` 함수를 사용하자.

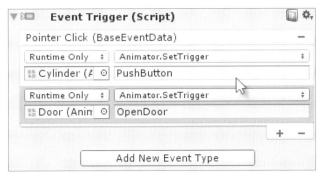

버튼 오브젝트를 위한 온전한 Event Trigger 컴포넌트

이제 프로젝트를 테스트할 준비는 끝났고 버튼을 눌러 문을 열 수 있다. 마우스를 버튼 위에서 클릭한 후 버튼이 눌리는 동시에 문이 자동으로 열리는지 확인하자. 멋지게 동작하는 모습을 볼 수 있다. 지금까지 메카님을 사용해서 인터랙티브하게 동작하는 씬을 구성해봤다.

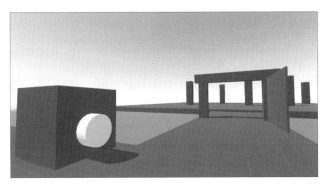

버튼을 눌러 문 열기

요약

4장에서는 애니메이션 클립을 사용해 인터랙티브한 씬을 만드는 방법을 살펴봤으며 메카님 시스템과 이벤트 시스템에 대해서도 다뤘다. 이 세 가지 기능을 조합한 후 사용해서 버튼을 누르면 자동으로 문이 열리는 동적인 씬을 구성했다. 비록 설계와 원리는 간단하지만, 이 예제는 다양한 애니메이션 기능을 사용해 스크립트를 작성하지 않고 기능을 구현하는 내용을 담고 있다. 5장에서는 메카님을 사용한 캐릭터 애니메이션을 다룰 예정이다.

5 캐릭터 애니메이션의 기초

5장부터는 캐릭터 애니메이션을 다루기 시작해서 6장까지 이 주제를 계속 살펴본다. 캐릭터를 불러오고 설정할 때 생길 수 있는 문제들을 다룰 예정이며, 최선의 애니메이션을 위해 필요한 기술과 작업 흐름에 대해서도 살펴볼 생각이다. 특히 메시 가져오기, 아바타, 스켈레톤^{skeleton}, 근육, 리타기팅^{retargeting}, 루트 모션 등을 비중 있게 설명한다.

리깅 캐릭터 생성

유니티에서 캐릭터가 제대로 애니메이션되기 위해서는 3ds 맥스나 마야, 블렌더 같은 3D 모델링 소프트웨어를 사용해서 리깅^{Rigging}을 해야 한다. 리깅이란 쉽게 말해 아티스트가 캐릭터의 뼈대를 구성하는 것을 말하며, 이 뼈대는 메시의 버텍스들에 연결된다. 뼈대의 목적은 캐릭터 메시의 어떤 버텍스들이 어느 정도로 움직이거나 변형되는지 정의하는 데 있다.

이런 방식을 사용하면 복잡한 캐릭터 모델과 버텍스들을 일일이 조정하지 않고도 간단히 뼈대만 애니메이션시킴으로써 자동으로 캐릭터가 이에 반응해 형태를 바꿔가며 애니메이션되도록 만들 수 있다.

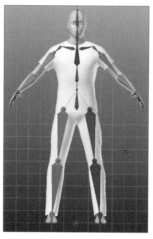

리깅 캐릭터

캐릭터 리깅에 대한 자세한 내용과 리깅 프로세스는 소프트웨어마다 차이가 있으며 이 책이 다루는 범위를 벗어난다. 이 책은 이미 불러올 리깅 캐릭터가 준비된 상태라고 가정한다. 만일 준비된 캐릭터가 없다면 MakeHuman이라는 소프트웨어를 사용해 쉽고 빠르게 리깅 캐릭터를 만들 수 있으니 참고하자. 이 소프트웨어는 http://www.makehuman.org/에서 다운로드할 수 있다. 유니티에서의 리깅 캐릭터 생성과 관련한 추가 정보는 온라인 문서 https://www.youtube.com/watch?v=IflzMxdvEtQ를 참고하자.

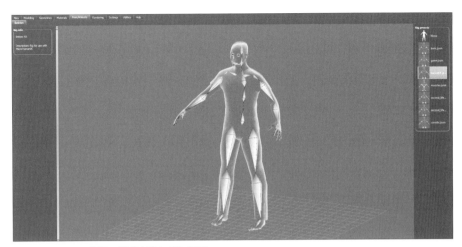

MakeHuman 소프트웨어를 사용해서 만든 리깅 캐릭터

이 절에서 다루는 프로젝트는 이 책과 함께 제공되는 파일에 있으며 리깅된 Make Human 캐릭터를 포함하고 있다. 폴더 경로는 Chapter05/char_anim_walk_end다.

또한 유니티 5가 제공하는 캐릭터 애셋 패키지에서도 사전에 제작된 리깅 캐릭터를 찾을 수 있다. 이 패키지는 Assets ➤ Import Package ➤ Characters를 통해 불러올 수 있다.

리깅 캐릭터 불러오기

리깅 캐릭터를 유니티로 불러오는 방법은 간단하다. FBX 캐릭터를 탐색기에서 유니티 Project 패널로 끌어다 놓기만 하면 된다. 그러면 유니티가 알아서 메시와 리깅 정보를 자동으로 불러오며 메시는 Preview 패널에 표시된다. 하지만 메시를 빼고 리깅 정보와 애니메이션만 불러오는 것도 가능한데, 이를 설명하기 위해 이 책과 함께 제공되는 파일의 Chapter05/Char_Anim 폴더에 포함된 MakeHuman 리깅 캐릭터를 사용하자. 이 캐릭터의 메시는 다음 스크린샷과 같다.

유니티로 불러온 리깅 캐릭터

리깅 캐릭터를 불러올 때 가장 먼저 해야 하는 중요한 과정은 다음과 같다. Scale Factor 결정으로 캐릭터의 스케일이 중간에 변하면 메시의 다른 설정에 심각한 문제를 유발할 수 있으므로 미리 정의해야 한다. 이를 위해 캐릭터 메시를 씬에 끌어다 놓고, 씬에 있는 다른 오브젝트들과 크기를 비교해봐야 한다. 이상적인 형태는 실세계 단위인 미터를 따르는 것으로, 1 유니티 단위를 1미터로 사용하면 된다. 이에 맞춰 캐릭터가 실세계 기준으로 씬에서 어떤 크기로 보이는지 확인한 후 스케일 값을 결정하면 된다. 이는 물리와 광원 처리에서도 중요한 요소다.

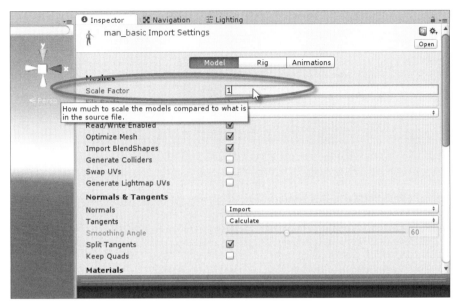

캐릭터 스케일 요소 설정

다음으로, 오브젝트 인스펙터 내의 Rig 탭으로 전환하고 Animation Type 드롭다운 목록에서 Humanoid를 선택하자. 리깅 정보를 가진 메시에 대한 기본값은 일반적으로 Generic이며, 리깅 정보가 없으면 None이다. 크레인이나 머리가 세 개인 괴물, 뱀, 나무 등과 같이 캐릭터가 아닌 메시에 대해서는 Generic을 사용하면 된다. 그리고 사람처럼 생긴 캐릭터에 대해서는 Humanoid로 설정하면 메카님이 제공하는 애니메이션 기능을 다양하게 사용할 수 있다. 자세한 내용은 차차 다룰 예정이다. 일단 Humanoid를 선택했으면 Apply를 클릭하자.

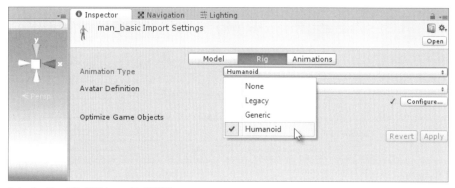

Animation Type 메뉴에서 Humanoid 선택하기

Humanoid를 선택하고 **Apply**를 클릭하면 체크 표시 또는 십자 표시가 오브젝트 인스펙터 내의 **Configure** 버튼 옆에 나타난다. 이는 메카님이 성공적으로 휴머노이드 캐릭터 리깅 정보를 인식했다고 알리는 표시다. 이 책에서 제공하는 캐릭터 메시 또는 예제 애셋 메시를 사용하면 유니티가 성공적으로 리깅 정보를 감지한다. 하지만 직접 만든 메시에서 혹시 실패가 발생한다면 수동으로 설정해야 하는데 이 내용은 뒤에서 다룰 예정이다.

아바타와 리타기팅

불러온 캐릭터 메시에 대해 Humanoid 리그를 선택한다는 것은 유니티가 자동으로 메시를 메카님이 요구하는 특별한 형태로 설정하려 시도한다는 의미다. 이때 사용하는 것이 아바타Avatar라고 부르는 데이터 구조다. 자동 설정 과정이 완료되면 메시는 자동 설정에 성공하거나 실패한다. 만일 설정에 실패하면 메시 아바타를 수동으로 설정해야 한다. 이를 위해 **Configure** 버튼을 클릭해서 아바타 에디터를 띄우자. 그러면 유니티는 현재 씬을 저장할 것인지 물은 후 다른 모드로 전환된다.

아바타 자동 생성이 성공하더라도 필요에 따라 수동으로 캐릭터를 조정하거나 변경해야 할 때가 있으므로 이 절을 그냥 지나치지 말고 꼭 살펴보길 바란다.

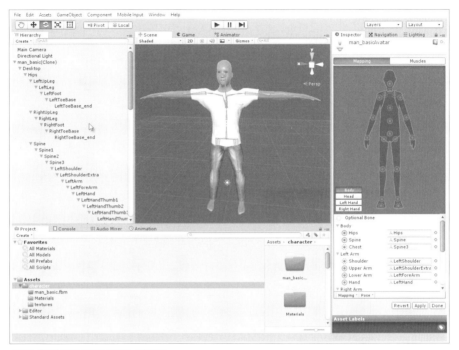

캐릭터 설정을 위해 아바타 에디터 사용하기

아바타 에디터는 다음 스크린샷처럼 세 개의 뷰인 Hierarchy 패널, Scene 패널, 오브젝트 인스펙터 패널에 걸쳐 표시된다. Hierarchy 패널은 메시 내부의 모든 뼈대와 구조 목록을 보여주고, Scene 패널은 뼈대와 함께 캐릭터 메시를 보여주며, 오브젝트 인스펙터 패널은 기본적으로 인체의 맵을 표시한다. 아바타 에디터는 기본적으로 모든 메시 내의 뼈대와 계층 구조(허벅지, 머리, 손, 정강이, 척추 등)가 오브젝트 인스펙터 패널에 있는 인체 맵과 일치하는지 확인하는 데 목적이 있다. 뼈대는 뷰포트 내에서 녹색으로 그려지며, 이는 유니티가 자동으로 아바타에 매핑한다. 색상이 없는 뼈대는 무시된 대상이다. 빨간색 뼈대는 문제가 있는 대상으로, 맵과의 연관성에 문제가 있거나 원점 또는 정렬에 문제가 있을 수 있다.

인체 맵에서 동그란 아이콘을 클릭해보면, 맵에 지정된 메시 내의 뼈대를 쉽게 확인하고 검증할 수 있다. 동그란 아이콘을 클릭하면 씬과 계층 구조에서 해당 뼈대 오브젝트가 선택된다. 원을 선택해보면 인체 맵 내에서 제대로 된 위치에 뼈대가 매핑됐는지 확인해볼 수 있다.

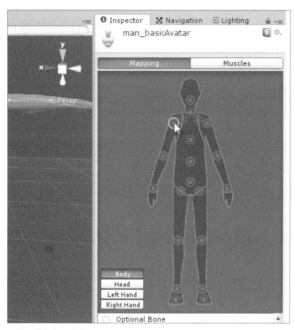

인체에 뼈대 매핑하기

메시 내의 뼈대를 맵 내에서 제대로 된 위치로 옮기고 싶으면, Hierarchy 패널에서 뼈대 오브젝트를 오브젝트 인스펙터상의 제대로 된 뼈대 필드로 끌어다놓아 다시 지정할 수 있다.

필요에 따라 뼈대 다시 매핑하기

아바타 에디터의 뷰포트 내에 빨간색 뼈대가 없다고 해서 항상 문제없이 변형되고 애니메이션이 동작할 것이라 단정할 수는 없다. 따라서 오브젝트 인스펙터 내의 Muscles 탭을 사용해서 스트레스 테스트를 해야 한다. 일단 Muscles 옵션을 클릭하자.

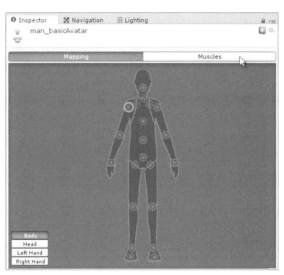

메시 스트레스 테스트를 위해 Muscles 탭 열기

Muscles 탭을 열면 캐릭터는 뷰포트 내에서 다른 자세로 표시된다. 그리고 오브젝트 인스펙터 내에 새로운 옵션들이 등장한다. Muscle Group Preview 슬라이더를 사용하면 캐릭터의 자세를 평범한 상태에서 어려운 상태로 변경할 수 있다. 이렇게 하면 캐릭터의 자세를 극한의 상태까지 바꿔가면서 캐릭터의 뼈대가 어떻게 변하는지 확인할 수 있어 유용하며, 이 과정을 통해 잠재적으로 발생할 수 있는 문제를 쉽게 미리 찾아낼 수 있다.

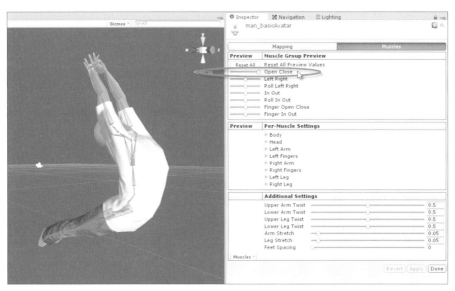

잠재적인 자세 변경 문제를 찾기 위해 어려운 자세 만들기

만일 특별한 자세일 때 캐릭터가 의도한 대로 변형되지 않는다면, Per-Muscle Settings 그룹 슬라이더를 확장해 변형의 최소와 최대 범위를 설정할 수 있다. 다시 말하면, 슬라이더를 사용해 뼈대가 메시에 미치는 영향의 한계를 확인하고 그 한계를 줄이거나 늘릴 수 있다는 의미다.

Muscles 탭을 사용해 어려운 자세 교정하고 조정하기

아바타가 기대한 대로 동작한다면 Apply 버튼을 클릭하자. 그러면 메시 파일에 대한 아바타가 설정된다. 성공적으로 설정된 아바타는 리타기팅이 가능해지므로 메카님에서 중요하다. 이는 잘 설정된 아바타를 가진 모든 캐릭터는 리그^{rig}와 제대로 설정된 아바타를 가진 다른 캐릭터의 애니메이션을 사용해 자신의 애니메이션을 처리할 수 있다는 의미다. 모든 리그와 애니메이션은 휴머노이드 아바타로 설정한 모든 메시 간에 교환 가능하다. 그렇기 때문에 리타기팅이라고 부르는 것이다. 하나의 메시에 있는 애니메이션을 다른 곳에도 적용할 수 있다는 의미며, 이렇게 하면 모든 캐릭터 애니메이션을 쉽게 재사용할 수 있다. 예를 들어, 하나의 걷기 애니메이션을 만들면 다른 모든 걸어다니는 캐릭터에 적용이 가능한 것이다.

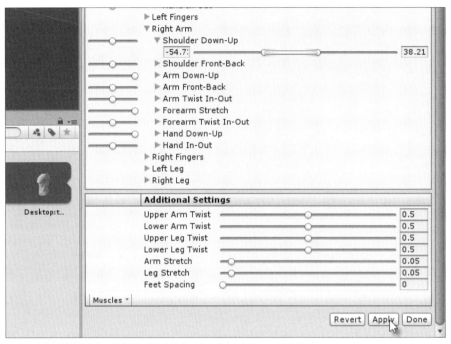

캐릭터 메시에 대해 동작하는 아바타를 만들기 위해 아바타 에디터에서 Apply를 클릭

리타기팅 애니메이션

이 책과 함께 제공되는 파일에 포함된 캐릭터는 리깅된 상태며 애니메이션 데이터를 갖지 않지만, 아바타와 리타기팅의 도움을 받으면 이는 별문제가 아니다. 앞서 이야기한 것처럼 아바타만 제대로 설정하면 다른 캐릭터나 파일로부터 애니메이션을 가져와 적용할 수 있기 때문이다. 이번 절에서는 이와 관련한 내용을 자세히 다룬다. 시작하기에 앞서 캐릭터 애셋 패키지를 불러오자. 이 패키지는 걷기와 뛰기에 관련된 캐릭터 애니메이션과 함께 1인칭 및 3인칭 컨트롤러를 포함한다. 이 패키지는 다음 스크린샷처럼 메인 메뉴에서 Assets ➤ Import Package ➤ Characters를 통해 불러올 수 있다.

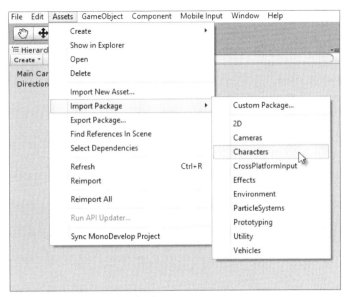

애니메이션을 가진 캐릭터 애셋 불러오기

패키지에 포함된 애니메이션은 Project 패널에서 찾을 수 있으며, 그 경로는 Standard Assets ➤ Characters ➤ ThirdPersonCharacter ➤ Animation과 같다. 여기에 포함된 애니메이션은 FBX 파일로 리깅 정보와 애니메이션 데이터는 포함하지만 메시는 가지지 않는다. 애니메이션 데이터에 접근하기 위해 메시 파일을 확장하고 애니메이션 클립을 다음 스크린샷처럼 선택하자.

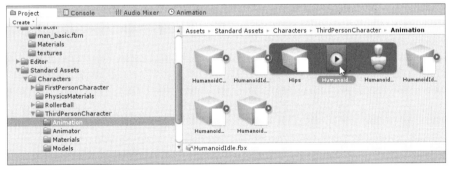

리타기팅을 위한 애니메이션 클립 선택

대부분의 애니메이션은 기본 유니티 모델을 사용해 오브젝트 인스펙터 내에서 미리 볼 수 있다. 툴바에서 Play를 누르면 캐릭터 애니메이션을 미리 볼 수 있다.

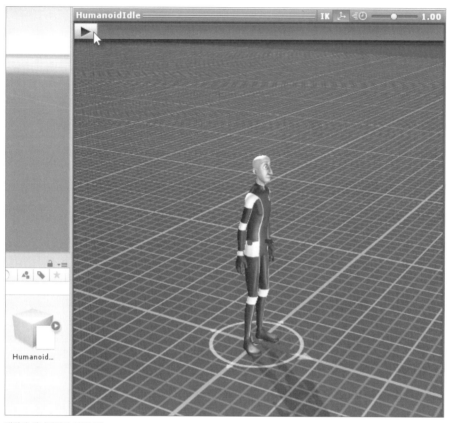

캐릭터 애니메이션 미리보기

또는 불러온 캐릭터를 위한 애니메이션 샘플링을 통해서도 리타기팅 동작을 확인할 수 있다. 오른쪽 아래 구석에 있는 아바타 아이콘을 클릭하면 미리보기 캐릭터 모델을 교체할 수 있다.

154

아바타 선택

아바타를 클릭한 후 Other를 선택하고 Project 패널에서 캐릭터 모델을 선택한다. 오브젝트 인스펙터 내의 Preview 패널은 해당 캐릭터에 적용된 애니메이션을 보여주기 위해 갱신된다. 모든 것이 정상적으로 보이면 아바타가 리타기팅을 위해 제대로 설정됐다고 볼 수 있다.

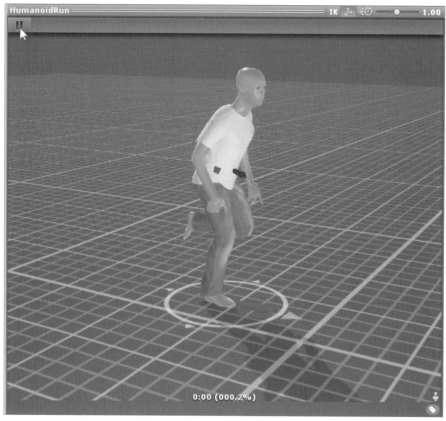

0:00 (000.2%)

동작 중인 리타기팅

실제 씬에 있는 모델에 애니메이션을 적용해보자. 일단 캐릭터 메시를 Project 패널에서 씬으로 끌어다 놓고 월드 원점인 (0, 0, 0)으로 자리를 잡자. 유니티는 추가된 캐릭터가 애니메이션을 가질 수 있음을 알기 때문에 자동으로 Animator 컴포넌트를 추가한다. 하지만 아직 컨트롤러나 애니메이션은 없다.

씬에 캐릭터 위치시키기

이제 캐릭터에 걷기 애니메이션을 적용해보자. 이를 위해 캐릭터 애셋 패키지
에서 걷기 애니메이션을 찾고 이를 끌어다가 씬에 있는 캐릭터 메시에 놓는
다. 걷기 애니메이션은 Standard Assets ➤ ThirdPersonCharacter ➤ Animation에
서 찾을 수 있으며 파일명은 HumanoidWalk.fbx다. 그러면 유니티는 자동
으로 애니메이션 컨트롤러를 설정하고 이를 Animator 컴포넌트에 지정한다.

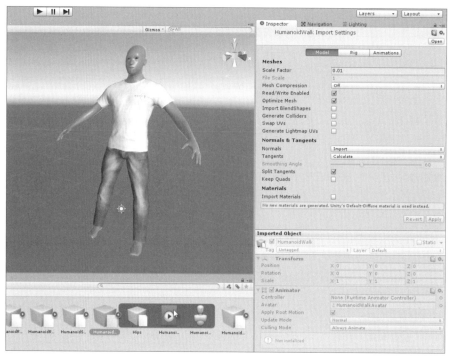

캐릭터에 걷기 애니메이션 지정

씬 카메라에 캐릭터가 잘 보이도록 배치하고 바닥 평면을 만들자. 그리고 툴
바의 Play를 누르면 캐릭터는 바로 걷기 시작한다. 드디어 첫 번째 캐릭터 애
니메이션을 완성했다.

걷는 캐릭터 생성

 이 책과 함께 제공되는 파일의 Chapter05/char_anim_walk_start 폴더에서 온전한 프로
젝트를 확인할 수 있다.

루트 모션

이전 예제에 기반해 우리는 유니티 캐릭터 패키지에서 불러온 캐릭터가 걷기
애니메이션을 수행하는 씬을 생성했다. Play를 누르면 캐릭터가 단순히 걷기
애니메이션만 보여주는 게 아니라 실제로 앞으로 걸어 이동하는 모습을 보게
된다. 달리 말하면, 걷기 애니메이션이 재생되고 씬 내에서 캐릭터의 위치가
이동하는 것인데 이는 루트Root 모션 덕분이다. 루트 모션은 메시 계층 구조 최
상위 오브젝트의 애니메이션이나 위치 또는 회전 변경을 참조한다. 불러온 캐
릭터 메시는 뼈나 조각 같은 다수의 자식 오브젝트를 포함하지만, 최상위 오

브젝트에 적용된 애니메이션이 루트 모션으로 처리된다. 루트 모션은 기본 설정이 활성화 상태로 애니메이션이 재생되면 이동하지만, 설정을 꺼서 제자리 걸음을 하도록 만들 수도 있다. 이를 위해 씬에서 캐릭터를 선택하고 오브젝트 인스펙터 내의 Animator 컴포넌트에서 Apply Root Motion 체크박스를 끄면 된다.

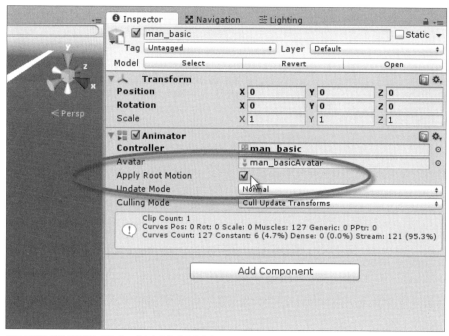

루트 모션을 비활성화하면 캐릭터는 제자리에서 애니메이션된다.

그러면 어떨 때 루트 모션을 활성화하고 어떨 때 비활성화해야 하는지 궁금해진다. 요약해서, 루트 모션을 사용하면 애니메이션 커브 데이터를 참조해 캐릭터 모션에 대한 보간 처리를 효율적으로 할 수 있으므로 좀 더 캐릭터 이동이 그럴싸해진다. 하지만 루트 모션을 비활성화하면 더 빠르고 응답성 높은 캐릭터 모션을 구현할 수 있는데, 이는 아케이드나 액션 게임에 적합하다. 게임이 추구하는 목적에 따라 루트 모션 사용 여부를 결정하면 된다.

모션 오프셋 교정

유니티에서 루트 모션 애니메이션을 불러올 때 일반적으로 발생하는 문제는 오프셋과 관련이 있다. 문제를 확인하기 위해 방금 생성한, 혹은 이 책과 함께 제공된 파일의 Chapter05/char_anim_walk_start 폴더에서 불러온 걷기 애니메이션 씬을 플레이해보자. 이 프로젝트를 실행하고 캐릭터가 걸어가는 모습을 잘 관찰하면 서서히 경로를 벗어나는 것을 볼 수 있다. 이는 캐릭터가 완벽하게 직선으로 걸어가지 않기 때문에 발생하는 현상이며, 이런 현상을 유발하는 값이 존재한다. 처음에는 눈치채기 어려울 수도 있지만, 시간이 길어지면 직선 경로를 벗어나는 모습을 볼 수 있고 심각한 수준으로 원래 경로를 이탈하기도 한다.

루트 모션 이탈

이 문제는 씬이나 캐릭터와 관련된 것이 아니며, 애니메이션 루트 모션 자체와 관련이 있다. 이 문제를 고치기 위해서는 Project 패널에 있는 애니메이션 파일을 선택하고 속성을 봐야 한다. 여기에서 사용한 예제 걷기 애니메이션의 파일은 Standard Assets ➤ ThirdPersonCharacter ➤ Animation에서 찾을 수 있다. HumanoidWalk.fbx 파일을 Project 패널에서 선택하고 파일 내에 있는 애니메이션 데이터를 보기 위해 Animation 탭을 선택하자. 만일 Preview 패널에서 플레이하면 여기에서도 오프셋 문제를 확인할 수 있다.

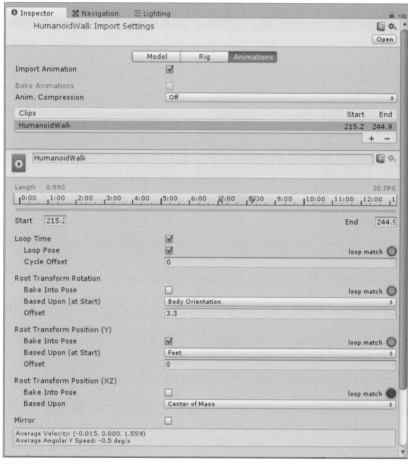

선택한 파일의 애니메이션 데이터 보기

이 문제는 각속도 때문에 발생한다. 이 값은 오브젝트 인스펙터에서 확인할 수 있다. Average Velocity 벡터는 캐릭터가 애니메이션 수행 중 향하는 방향을 가리킨다. 기본 걷기 애니메이션에서 이 값은 속도의 x 컴포넌트에 대해 미세한 음수 값을 가진다. 이 때문에 캐릭터는 시간이 흐름에 따라 서서히 경로를 이탈한다.

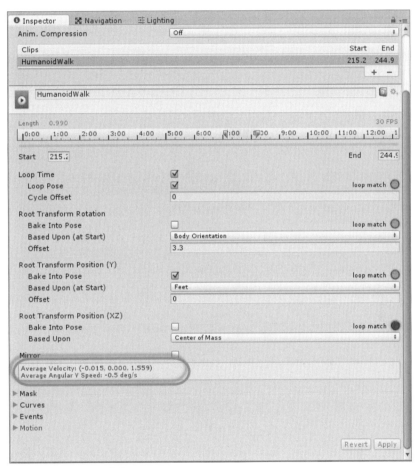

루트 모션에 대한 평균 속도 확인

이 문제를 고치기 위해 Root Transform Rotation에서 Bake Into Pose 체크박스를 선택하고 Average Velocity의 x 파라미터가 0이 될 때까지 Offset 필드를 변경하자. 캐릭터가 앞으로 걸어가야 하므로 z 값은 0이 아니어야 한다. 이 설정을 편집하려면 메시를 선택하고 오브젝트 인스펙터 우측 상단 구석에 있는 Edit 버튼을 클릭한다.

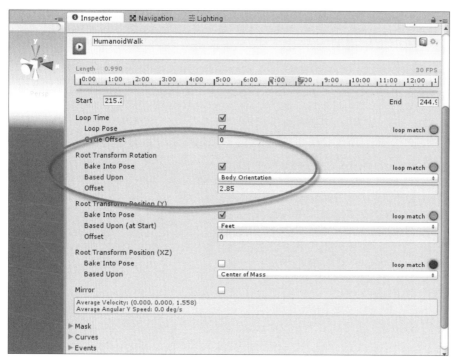

Bake Into Pose와 함께 루트 모션 오프셋 조정

마지막으로 만일 캐릭터가 바닥 위를 걷지 않고 너무 높거나 낮게 이동하고 있다면, Root Transform Position (Y)의 Based Upon (at Start) 필드 값을 Feet로 수정해야 한다. 이렇게 하면 캐릭터의 루트 y 위치가 발을 기준으로 하게 된다.

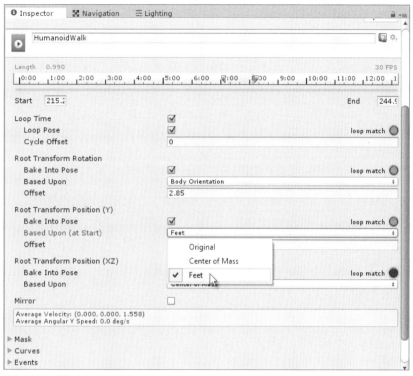

애니메이션을 위한 캐릭터의 발 설정

요약

축하한다! 드디어 유니티에 리깅 처리된 캐릭터 메시를 추가하는 방법을 제대로 다 익혔다. 캐릭터는 아바타 시스템과 함께 아주 잘 동작하며 다른 많은 설정된 메시로부터 효율적으로 애니메이션을 가져와 재사용할 수 있다. 하지만 아직 더 남은 내용이 있다. 메카님은 애니메이션을 위한 재사용 가능 캐릭터를 불러오고 설정하는 것뿐만 아니라 좀 더 복잡한 애니메이션 컨트롤러 정의를 지원해 사용자 입력에 대한 반응도 가능케 한다. 이와 관련한 주제는 6장에서 더 다룰 예정이다.

6

고급 캐릭터 애니메이션

5장에서는 리깅 애니메이션 캐릭터 모델을 유니티로 불러오고 메카님 시스템에 최적화된 형태로 설정하는 과정을 처음부터 끝까지 살펴봤다. 불러온 캐릭터를 위한 아바타를 생성하면 다양한 소스로부터 휴머노이드 애니메이션을 쉽게 적용할 수 있다. 하지만 이는 메카님이 가진 강력한 기능 중 일부분일 뿐이며, 그 외에도 애니메이션을 제어하거나 상호작용하는 데 필요한 다양한 기능을 갖추고 있어서 런타임에 활용할 수 있다. 6장에서는 플레이어가 제어하는 캐릭터를 만들어가면서 이런 기능을 살펴본다.

제어 가능한 캐릭터 생성

6장에서는 메카님을 사용해 플레이어가 제어할 수 있는 캐릭터를 만들어볼 생각이다. 최초 캐릭터는 휴식 상태며 캐릭터 제어는 WASD 키를 사용한다. 캐릭터는 걷거나 뛰고 방향 전환도 한다. 설명에 사용할 프로젝트는 이 책과 함께 제공되는 파일에 포함된 Start라는 프로젝트를 기반으로 한다. 이 프로젝트는 하나의 빈 씬과 MakeHuman 캐릭터 모델, 그리고 캐릭터 애셋 패키지에 포함된 캐릭터 애니메이션을 위한 네이티브 애셋만을 포함한다. 여기에 포함된 애니메이션은 걷기, 뛰기, 휴식, 방향 전환을 포함하고 있다. 원래는 다른 캐릭터 모델을 위한 애니메이션이지만 유니티 아바타 시스템 덕분에 다양한 모델에 적용할 수 있다.

 Start 프로젝트는 Chapter06/Start 폴더에서 찾을 수 있고, 완성된 프로젝트는 Chapter06/End 폴더에서 찾을 수 있다.

메카님을 활용해 플레이어가 제어하는 캐릭터 생성

애니메이션 캐릭터 생성을 시작하기 위해 걷기와 휴식, 뛰기, 방향 전환을 위한 휴머노이드 애니메이션을 불러와야 하며, 이 책에서 제공하는 프로젝트에 포함된 애니메이션을 사용해도 된다. 그리고 캐릭터 모델을 아바타와 호환되는 캐릭터 형태로 불러오고 설정해야 한다. 이 책에서 제공하는 프로젝트의 MakeHuman 캐릭터 모델을 사용해도 좋다. 이후 Project 패널에서 오른쪽 클릭을 하고 Create ➤ Animator Controller로 이동해 새로운 애니메이션 컨트롤러Animation Controller 애셋을 만들자. 생성한 애니메이션 컨트롤러는 키보드를 통한 입력에 반응해 애니메이션을 제어하는 데 사용된다.

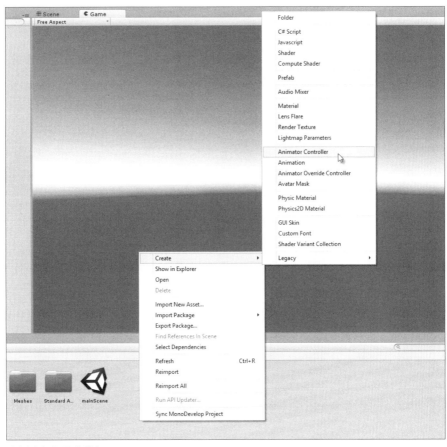

애니메이터 컨트롤러 생성

블렌드 트리

다음 스크린샷과 같은 형태의 제어 가능한 캐릭터에 대해 좀 더 깊게 생각해보면, 입력에 반응해서 보일 수 있는 다양한 상태가 있음을 알 수 있다. 한 예로, 플레이어가 아무런 키 입력도 하지 않으면 캐릭터는 휴식 상태로 가만히 서 있을 것이다.

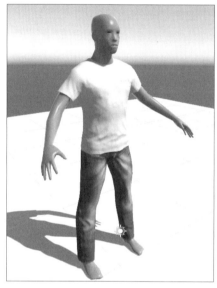

애니메이션될 MakeHuman 캐릭터

만일 플레이어가 왼쪽 또는 오른쪽 버튼만 누르면 캐릭터는 바라보던 방향 그대로 서 있거나 아니면 방향을 반대로 전환한다. 만일 플레이어가 위쪽 방향키를 누르면 캐릭터는 앞으로 걷거나 뛴다. 이를 토대로 캐릭터가 가질 수 있는 상태를 휴식, 걷기, 뛰기, 방향 전환 등으로 구분할 수 있다. 하지만 이렇게 간단한 상태만 있는 것은 아니다. 캐릭터는 걷거나 뛰던 도중 방향을 바꿀 수도 있기 때문이다. 이런 상황은 두 방향의 이동이 동시에 이뤄질 때 발생하는데, 따라서 이에 맞는 적절한 처리도 해야 한다. 걸으면서 방향을 전환할 때 자연스러운 애니메이션을 보여주기 위한 별도의 처리를 해줘야 하고, 이 때 블렌드 트리^{Blend Tree}를 사용하면 다수의 휴머노이드 애니메이션을 부드럽 게 조합할 수 있다. 블렌드 트리를 만들기 위해 일단 새로운 애니메이터 컨트 롤러를 위한 애니메이터 창을 띄우자. 다음 스크린샷처럼 메뉴에서 Window ➤ Animator를 선택하면 된다.

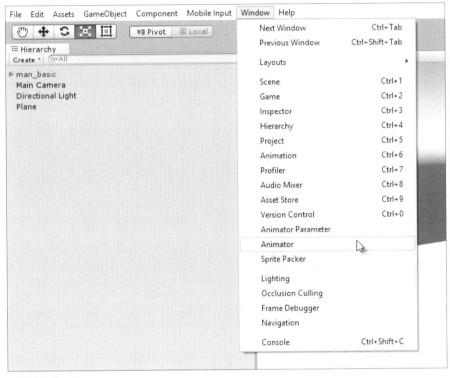

애니메이터 창 보기

블렌드 트리를 만들기 위해 애니메이터 그래프에서 오른쪽 클릭을 한 후 다 음 스크린샷처럼 Create State ➤ From New Blend Tree를 선택한다.

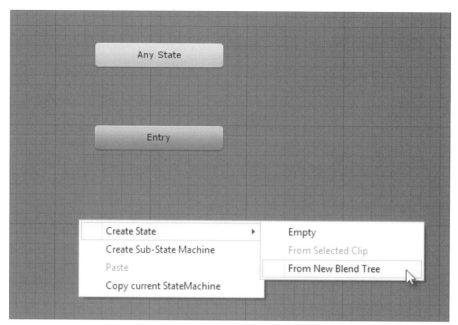

새로운 블렌드 트리 생성

일단 블렌드 트리를 생성하면 평범한 애니메이션 노드처럼 보인다. 만일 처음으로 생성한 노드라면 자동으로 기본 노드가 되므로 오렌지색으로 표현되고 Entry 노드에 연결된다. 만일 블렌드 트리가 자동으로 연결되지 않으면, 노드에서 오른쪽 클릭을 하고 **Set as Layer Default State**를 선택해서 기본 노드로 만들면 된다. 이제 게임을 실행하면 자동으로 블렌드 트리가 실행되고 애니메이터Animator가 활성화된다.

하지만 블렌드 트리는 대부분의 애니메이션 노드와 비교했을 때 상대적으로 복잡한 노드로, 더블 클릭하면 좀 더 많은 옵션을 볼 수 있다. 그래프에서 블렌드 트리를 더블 클릭하면 애니메이터 창에 다양한 옵션을 가진 새로운 모드가 출력된다. 블렌드 트리 인터페이스를 사용하면 복잡한 캐릭터 애니메이션을 쉽게 처리할 수 있다. 애니메이터 창 상단에 **Bread Crumb** 표시가 있으므로 간단히 **Base Layer**만 클릭하면 이전 모드로 돌아갈 수 있다.

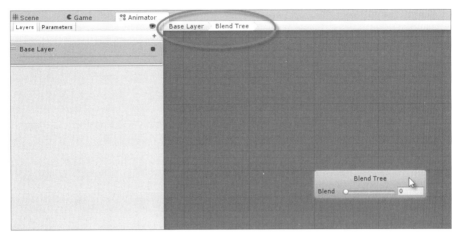

블렌드 트리 모드 사용

차원

기본적으로 모든 블렌드 트리는 1차원으로 설정된다. 달리 말하면 모든 블렌드 트리는 기본적으로 단순한 선형 시퀀스로 구성되며, 이는 다음 스크린샷처럼 오브젝트 인스펙터를 통해 확인할 수 있다.

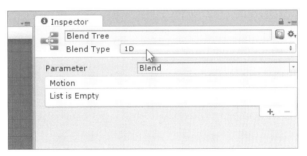

블렌드 트리 차원(Dimension) 설정

캐릭터가 선을 따라 앞이나 뒤로만 이동한다면 1차원 블렌드 트리를 사용해 사용자의 입력에 따라 휴식, 걷기, 뛰기로 상태를 바꿔가면서 사용할 수 있다. 하지만 지금처럼 캐릭터가 방향 전환을 할 수 있다면 사실상 캐릭터가 두 개의 축을 활용하므로 1차원이 아닌 2차원으로 처리해야 한다. 상하좌우 키를 모두 사용할 수 있으므로 블렌드 트리의 타입을 1D에서 2D Freeform Cartesian 으로 변경하자.

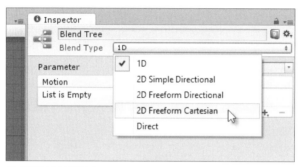

2D 블렌드 트리 사용하기

2D 블렌드 트리를 생성하면 오브젝트 인스펙터에서 그래프에 추가할 모션 필드$^{motion field}$를 정의할 수 있다. 모션 필드는 단순히 블렌드 트리의 일부가 될 애니메이션 클립을 참조한다. 지금 만들 캐릭터는 휴식, 걷기, 뛰기, 방향 전환을 지원하므로 각 상태에 맞는 모션 필드가 필요하다. 그래프에 몇 개의 모션 필드를 만들어보자. 오브젝트 인스펙터의 Motions 패널에서 + 버튼을 클릭한 후 컨텍스트 메뉴에서 Add Motion Field를 선택한다.

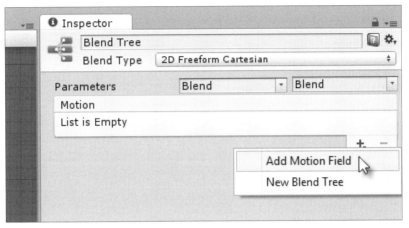

모션 필드 추가

아홉 개의 모션 필드를 추가하기 위해 + 버튼을 아홉 번 클릭하자. 캐릭터가 가질 수 있는 아홉 개의 상태는 idle, idle-turn-left, idle-turn-right, walk, walk-turn-left, walk-turn-right, run, run-turn-left, run-turn-right다. 상태마다 조금씩 다른 애니메이션 클립이 필요하므로 플레이어가 입력할 때 는 애니메이션을 섞기 위해 블렌드 트리를 사용해야 한다. 두 개 이상의 모션 필드를 생성하면 오브젝트 인스펙터에 그래픽적인 표현이 나타난다.

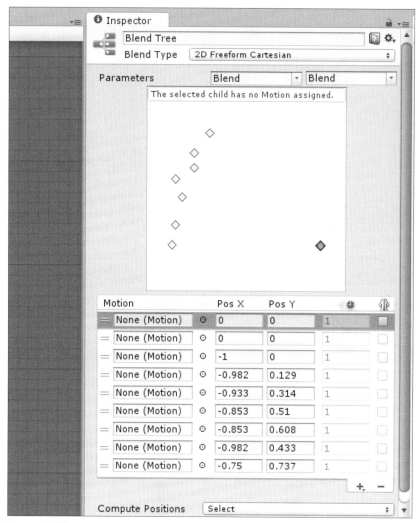

모션 필드 시각화

모션 필드를 추가하면 그래프상에 노드가 아무렇게나 흩어진 모습으로 나타
나는데 곧 정리할 예정이다. 일단 각 필드에 애니메이션 클립부터 정의하자.
이를 위해 Assets ➤ Characters ➤ ThirdPersonController ➤ Animation 폴더로 이
동해서 다음 그림처럼 각 슬롯에 맞는 클립을 지정하자.

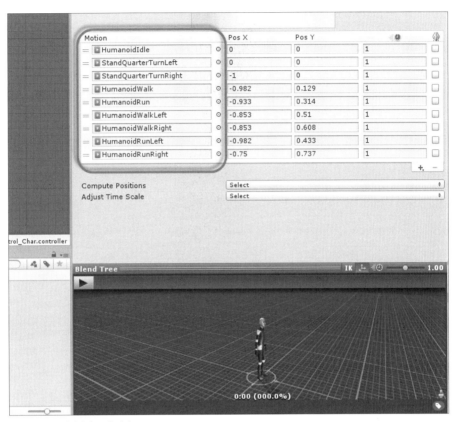

Motion	Pos X	Pos Y		
⬛ HumanoidIdle	0	0	1	☐
⬛ StandQuarterTurnLeft	0	0	1	☐
⬛ StandQuarterTurnRight	-1	0	1	☐
⬛ HumanoidWalk	-0.982	0.129	1	☐
⬛ HumanoidRun	-0.933	0.314	1	☐
⬛ HumanoidWalkLeft	-0.853	0.51	1	☐
⬛ HumanoidWalkRight	-0.853	0.608	1	☐
⬛ HumanoidRunLeft	-0.982	0.433	1	☐
⬛ HumanoidRunRight	-0.75	0.737	1	☐

Compute Positions   Select

Adjust Time Scale   Select

Blend Tree   IK   ⊥ ≡◔ —●—— 1.00

▶

0:00 (000.0%)

모션 필드에 애니메이션 클립 지정

이제 애니메이션 클립이 각 모션 필드에 지정됐다. 하지만 아직 이 필드들은
그래프상에서 아무렇게나 흩어진 모습이다. 이 문제를 고치기 위해 각 모션
필드의 Pos X와 Pos Y의 값을 수정하면 다음 스크린샷처럼 2차원 입력을 받
아들이기에 적당한 형태가 된다.

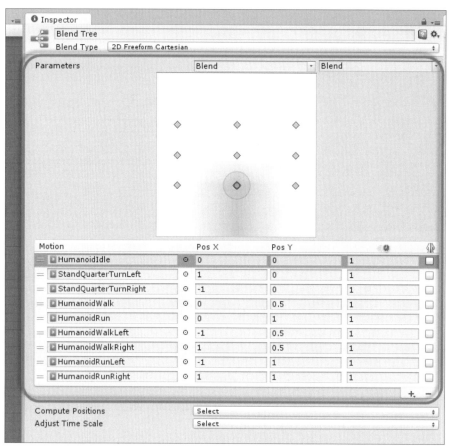

그래프 내에서 모션 필드 위치 잡기

모션 필드 정렬에 대해 좀 더 자세히 살펴보자. idle 상태는 자연스럽게 쉬는 모습으로 그래프상에서는 (0, 0)에 위치를 잡았다. 반대로 앞으로 뛰어가는 상태는 (0, 1), 걷는 상태는 (0, 0.5)로 서 있는 상태와 뛰는 상태의 사이로 잡았다. 반면 방향 전환 상태는 x축의 끝에 위치하므로 뛰면서 방향을 전환하는 상태는 (-1, 1)(뛰면서 왼쪽으로 전환)과 (1, 1)(뛰면서 오른쪽으로 전환)로 표현했다.

부동소수 매핑

이제 블렌드 트리에서 2차원 축을 가진 캐릭터 모션이 정의됐다. 다음으로 두 개의 부동소수점 파라미터를 만들어서 스크립트를 통해 어떤 애니메이션을 섞을지 제어해야 한다. 일단 다음 그림처럼 애니메이터 창의 Parameters 탭으로 전환하자.

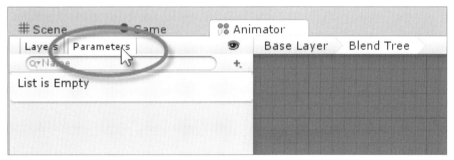

Parameters 탭 접근

새로 두 개의 Float 파라미터를 추가하기 위해 + 버튼을 클릭하고 이름은 Horz(수평)와 Vert(수직)로 하자. 이 두 값은 입력이 들어올 때 어떤 캐릭터 애니메이션을 보여줄지 결정하거나 제어한다.

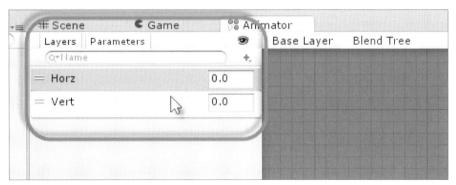

부동소수점 파라미터 생성

이제 각 축을 나타내는 두 개의 파라미터를 생성했으니 이를 2차원 공간상의 블렌드 트리에 매핑시키자. 이를 위해 오브젝트 인스펙터의 Parameters 필드를 설정하자. 첫 번째 드롭다운 리스트를 클릭한 후 x축에 해당하는 Horz 파라미터를 설정하고 y축에 해당하는 Vert도 마찬가지로 설정하자.

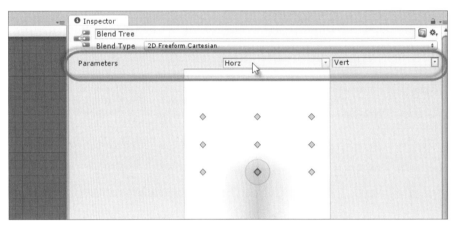

블렌드 트리에 부동소수점 파라미터 매핑

이런 형태로 매핑하고 나면 최종적으로 오브젝트 인스펙터의 Preview 패널에서 전체 애니메이션과 블렌드 트리를 미리 확인할 수 있다. 애니메이터 그래프의 블렌드 트리 노드에는 이제 두 개의 슬라이더가 생겨 파라미터를 표현한다. 이 슬라이더를 사용하면 트리에서 블렌딩 조합을 테스트해볼 수 있다.

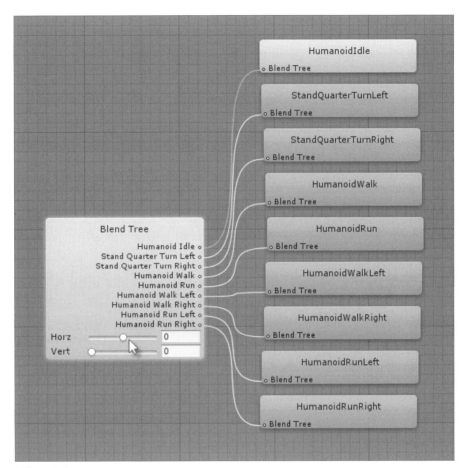

블렌드 트리 테스트

블렌드 트리를 테스트하고 모션 필드를 제대로 설정했는지 확인하려면 오브
젝트 인스펙터의 툴바에 있는 Play를 누르자. 블렌드 트리의 슬라이더를 움직
이면 그에 따른 결과 애니메이션을 확인할 수 있다. 아마도 잘 동작할 것이다.

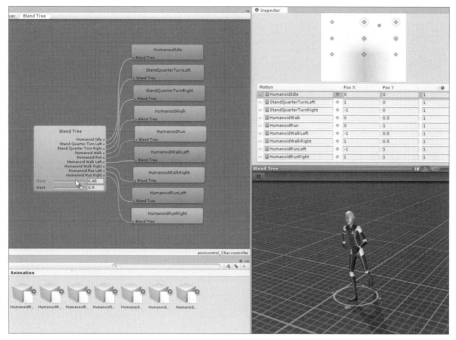

Preview 패널에서 블렌드 트리 재생

블렌드 트리 애니메이션에 스크립트 적용

이전 절에서 메카님 애니메이터 컨트롤러와 이와 관련된 블렌드 트리가 완전한 캐릭터 애니메이션을 처리할 수 있도록 설정했다. 그러나 각 상태(걷기, 뛰기, 휴식 등)로 아무렇게나 임의로 변해서는 안 되며 플레이어의 WASD 키 입력에 의해 변해야 한다. 이를 위해서는 스크립트의 도움이 필요하다. 키보드 입력을 메카님 파라미터와 연결하자. 시작하기에 앞서 씬과 캐릭터 그리고 오브젝트에 대한 Animator 컴포넌트의 Controller 필드에 애니메이터 컨트롤러 애셋을 설정해둬야 한다. 그래야만 씬 내에 있는 캐릭터 모델이 적당한 메카님 컨트롤러를 사용할 수 있다.

182

캐릭터에 애니메이터 컨트롤러 지정

다음으로, 플레이어의 입력을 읽고 이를 컨트롤러 파라미터와 비교해 애니메이션을 실행시킬 C# 스크립트를 생성해야 한다. 스크립트를 만들기 위해서는 Project 패널에서 오른쪽 클릭을 한 후 컨텍스트 메뉴에서 Create ➤ C# Script를 선택하면 된다.

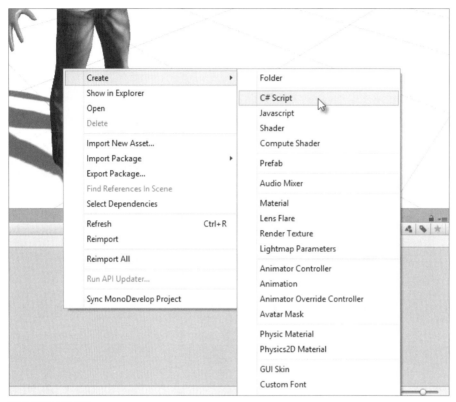

C# 스크립트 파일 생성

스크립트 파일의 이름을 CharControl.cs로 정하고, 이 파일을 Project 패널에
서 끌어다가 씬에 있는 캐릭터에 놓자. 그러면 캐릭터에 대한 스크립트 인스
턴스가 생성된다.

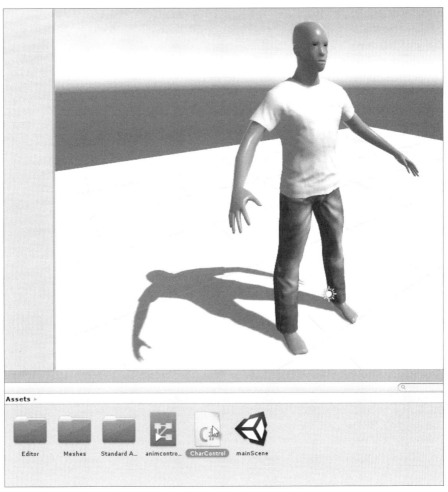

CharControl 스크립트 생성

메카님 블렌드 트리를 사용한 스크립트 작성

이제 스크립트를 사용해 플레이어 캐릭터의 애니메이션을 처리할 준비를 거의 마쳤다. 단지 새로 만든 스크립트 파일만 정의하면 된다. 일단 다음 예제 코드를 참고하자. 이에 대해서는 뒤에서 추가로 설명할 예정이다.

```
using UnityEngine;
using System.Collections;

public class CharControl : MonoBehaviour
{
  // 애니메이터 컨트롤러
   private Animator ThisAnimator = null;

  // 부동소수점 이름
  private int HorzFloat = Animator.StringToHash("Horz");
  private int VertFloat = Animator.StringToHash("Vert");

  void Awake()
  {
    // 이 오브젝트로부터 애니메이터 컴포넌트 얻기
    ThisAnimator = GetComponent<Animator>();
  }
  // 매 프레임 Update가 호출된다
  void Update ()
  {
    // 플레이어 입력 얻기
    float Vert = Input.GetAxis("Vertical");
    float Horz = Input.GetAxis("Horizontal");
```

```
    // 애니메이터 부동소수점 값 설정
    ThisAnimator.SetFloat(HorzFloat, Horz, 0.2f, Time.deltaTime);
    ThisAnimator.SetFloat(VertFloat, Vert, 0.2f, Time.deltaTime);
  }
}
```

다음은 코드와 관련한 설명이다.

- `Animator.StringToHash` 함수는 문자열인 `Horz`와 `Vert`를 나중에 `SetFloat` 같은 함수에서 좀 더 다루기 편리하도록 정숫값으로 변환하는 데 사용된다. 문자열을 미리 숫자로 바꿔두면 이후 처리 속도가 빨라진다.

- `Animator.SetFloat` 함수는 애니메이션을 제어하기 위해 그래프에 부동소수점 파라미터를 설정할 때 사용된다.

메카님 블렌드 트리 테스트

이제 코드를 테스트해보자. 툴바에서 Play 버튼을 눌러 실행한 후 키를 입력해보자. 게임이 실행되는 도중 캐릭터를 선택하고 애니메이터 창을 살펴보면 키 입력에 반응하는 블렌드 트리를 확인할 수 있다. 서로 다른 애니메이션들 사이에서 부드럽게 애니메이션이 연결되면서 마치 하나의 애니메이션 시퀀스처럼 전환되는 모습을 확인할 수 있다.

캐릭터 애니메이션 테스트

 이 프로젝트의 완성 버전은 Chapter06/End 폴더에 있다.

요약

이제는 메카님에 대한 확실한 기초를 다졌으리라 생각한다. 리깅된 캐릭터를 불러와 설정하는 것뿐만 아니라 그래프와 블렌드 트리를 구성해 플레이어 입력에 반응하는 공용 애니메이션을 지원하는 방법도 알게 됐다. 7장에서는 블렌드 셰이프, 애니메이션 커브, 무비 텍스처 등을 살펴보는 것으로 유니티 애니메이션을 마무리할 예정이다.

7
블렌드 셰이프, IK, 무비 텍스처

마지막 7장에서는 서로 큰 연관성이 없는 유니티 애니메이션 기법을 다룰 예정이다. 이 세 가지는 립싱크나 얼굴 변형 같은 모프 애니메이션을 처리할 때 사용하는 블렌드 셰이프, 캐릭터의 손이나 발의 위치를 실시간으로 잡을 때 사용하는 인버스 키네마틱, MP4 파일 같은 무비 파일을 3D 평면에 텍스처로 사용하는 무비 텍스처다. 이 세 가지는 유니티에서 그리 자주 사용되는 애니메이션 기법은 아니지만 제대로 활용했을 때 효과가 매우 좋은 방식이다. 지금부터 하나씩 차례로 살펴보자.

블렌드 셰이프

얼굴 표정이나 립싱크 같은 페이셜facial 애니메이션을 만들어야 한다면 블렌드 셰이프Blend Shape나 모프 애니메이션을 주로 사용하게 된다. 이런 종류의 애니메이션은 주로 아티스트와 애니메이터가 3D 소프트웨어를 사용해 만들고 유니티로 가져와 사용한다. 개발 과정은 크게 두 단계로 나뉜다. 첫 번째로, 애니메이터는 얼굴 메시로 만들어낼 수 있는 모든 표정을 정의한다. 이는 얼굴 메시의 각 버텍스를 움직여 지을 수 있는 표정의 한계를 정의한 후 해당 표정의 메시 상태를 저장하기 위해 셰이프 키Shape Key 또는 블렌드 셰이프를 생성한다. 서로 다른 극단적 상태의 표정을 저장함으로써 애니메이터는 각 표정 사이의 중간값으로 페이셜 애니메이션을 만들어낼 수 있다. 블렌더(http://www.blender.org)에서 원숭이 머리 메시가 서로 다른 극단적 표정으로 설정된 다음 3장의 스크린샷을 살펴보자. 각 표정은 셰이프 키 또는 블렌드 셰이프로 기록됐다. 다음 스크린샷은 초기의 기본 표정을 구성한 모습이다.

 이 절의 완성 프로젝트는 책과 함께 제공되는 파일의 Chapter07/BlendShapes 폴더에 있다.

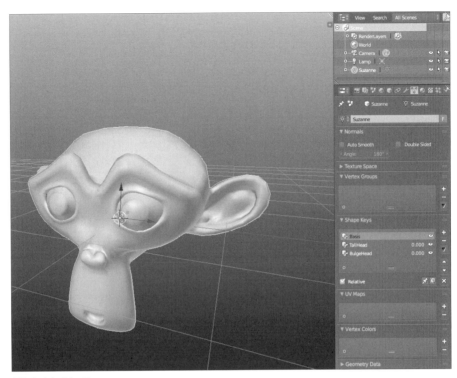

원숭이 머리 기본 표정

다음 스크린샷은 중간 표정을 표현한다.

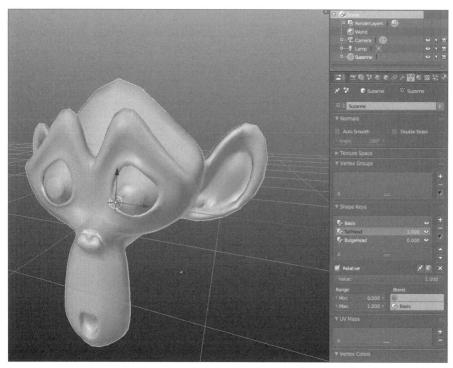

원숭이 머리에 대한 극단적 표정 1

다음 스크린샷은 최종 또는 반복 표정이다.

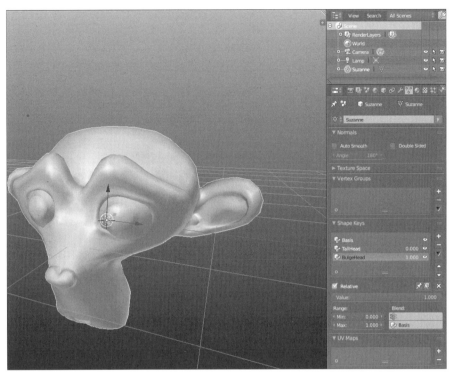

원숭이 머리에 대한 극단적 표정 2

버텍스 정리와 표정 세트를 생성하고 나면 3D 모델링 소프트웨어에서 메시를 FBX 포맷으로 뽑아낼 수 있으며, 익스포트 과정은 패키지마다 조금씩 다르다. 메시를 유니티로 가져올 때는 Project 패널에서 메시를 선택한 후 오브젝트 인스펙터에서 Import BlendShapes 옵션을 선택해야 한다. 다음 스크린샷을 참고하자.

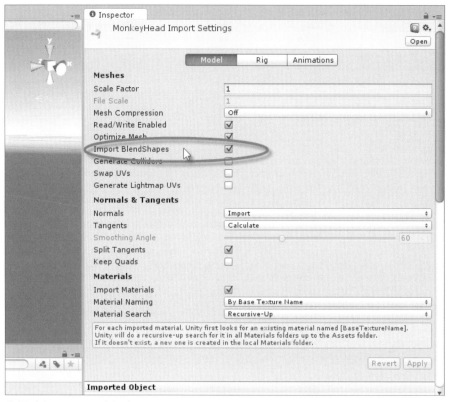

메시를 가진 Blend Shape 가져오기

메시에 대해 제대로 블렌드 셰이프를 불러왔는지 확인하고 싶으면 해당 메시를 씬에 끌어다 놓으면 된다. 그런 다음 오브젝트 인스펙터에서 BlendShapes 필드를 열어 필드를 확인하면 된다. 이 필드는 불러온 모든 블렌드 셰이프들을 목록으로 보여준다.

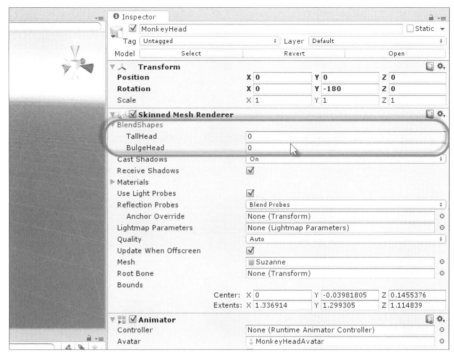

선택한 메시에 대한 블렌드 셰이프 접근

일반적으로 BlendShapes 필드는 0에서 100 사이의 값으로 모델을 매핑하므로 최대 적용 가능 값은 100이 된다.

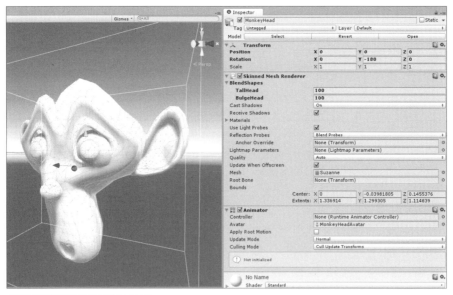

선택한 메시에 대한 블렌드 셰이프 테스트

스크립트를 통해 블렌드 셰이프의 가중치와 값에 접근하거나 그것들을 변경하고 싶다면 Mesh.BlendShapeCount 변수와 SkinnedMeshRenderer. SetBlendShapeWeight 함수를 사용할 수 있다. 자세한 내용은 관련 사이트 http://docs.unity3d.com/ScriptReference/SkinnedMeshRenderer. SetBlendShapeWeight.html을 참고하자.

이제는 블렌드 셰이프의 애니메이션 처리를 살펴보자. 이를 위해 일단 메인 메뉴에서 Window ➤ Animation으로 이동해 유니티가 제공하는 애니메이션 창을 사용하자. 이 창과 관련한 자세한 내용은 이미 6장에서 설명했다. 다른 메시 속성과 마찬가지로 블렌드 셰이프를 위한 키프레임을 기록할 수 있다. 애니메이션 창에서 마우스를 이용해 타임라인 사이를 스크롤한 후 원하는 시점에 대해 오브젝트 인스펙터에서 블렌드 셰이프 값을 설정하면 된다. 그러면 유니티는 자동으로 블렌드 셰이프에 대한 키프레임을 생성한다.

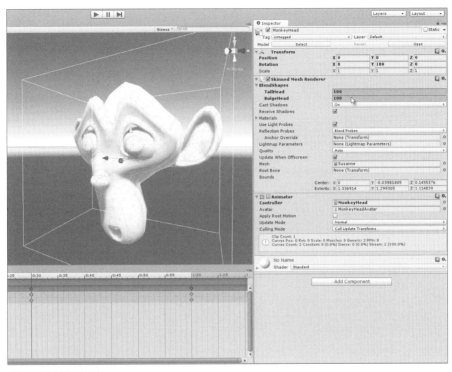

블렌드 셰이프 애니메이션

인버스 키네마틱

인버스 키네마틱Inverse Kinematic은 줄여서 IK라고도 부르며 현실감 높은 캐릭터 애니메이션을 구현할 때 매우 중요한 기능이다. 실제로 IK를 사용하면 손이나 발의 위치를 잡을 수 있고, 이에 맞춰서 나머지 관절이나 뼈가 이동하고 회전해 자동으로 자연스러운 자세를 만든다. 즉 걷기 애니메이션이나 떨어진 물건을 줍는 애니메이션 등을 만들 때 IK를 사용하면, 큰 노력 없이도 발과 엉덩이 사이의 움직임이나 손과 어깨 사이의 움직임을 자연스럽게 만들어낼 수 있다.

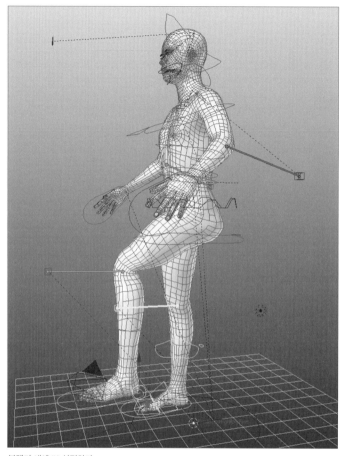

블렌더 내에 IK 설정하기

마야나 3ds 맥스, 블렌더 같은 대부분의 3D 애플리케이션은 IK를 생성하는 옵션과 기능을 제공한다. 이 기능의 목적은 아티스트가 좀 더 쉽고 간단하게 애니메이션을 만들도록 지원하는 데 있다. 하지만 일부 프로그램들은 이런 형태를 지원하지 않고, 다른 형태로 저장해 FBX 파일을 사용하더라도 유니티에서 사용할 수 없다. 이는 캐릭터 모델이 IK 정보를 가지지 않은 상태로 임포트될 가능성이 언제나 있다는 것을 의미한다. 하지만 그렇다고 해도 3D 소프트웨어에서 만든 IK 애니메이션이 다른 형태로 변형되지는 않으며, 단지 IK

애니메이션이 FK^{Forward Kinematic} 형태로 유니티에 임포트된다. 모습이 변하지는 않지만, 방금 설명한 것과 같은 IK가 제공하는 편의 기능을 사용하지는 못한다. 이 문제를 고치기 위해서는 수작업을 통해 IK를 설정해줘야 한다.

IK가 정상적으로 동작하려면 일단 유니티로 리깅된 캐릭터 모델을 불러와야 한다. 그런 후 Project 패널에서 모델을 선택하고 Humanoid 리그를 활성화해야 한다. 간단히 오브젝트 인스펙터 내의 Rig 탭으로 이동해 Animation Type을 Humanoid로 선택하면 된다. 이렇게 하면 IK가 기본적으로 요구하는 메카님 아바타^{Mecanim Avatar} 시스템을 사용할 수 있게 설정된다. 사용할 캐릭터 모델은 Chapter07/IK 폴더에서 찾을 수 있다.

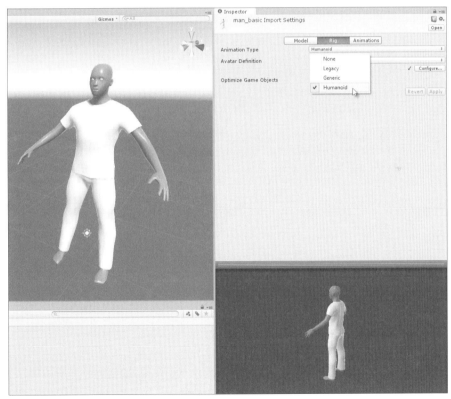

캐릭터를 Humanoid 타입으로 설정

일단 IK를 사용해서 캐릭터의 손을 제어해보자. IK를 사용하면, 손의 위치를 정함에 따라 자동으로 다른 모든 팔의 뼈대가 자동으로 구부러지고 변해서 자연스러운 자세를 만들어낸다. 이를 위해 일단 두 개의 새로운 빈 게임오브젝트를 씬에 생성하자. 이 두 개의 오브젝트는 게임 캐릭터의 제어용 본bone을 나타내며 캐릭터 손의 위치를 잡는 데 사용된다. 이름을 IK_LeftHand와 IK_RightHand로 정하자.

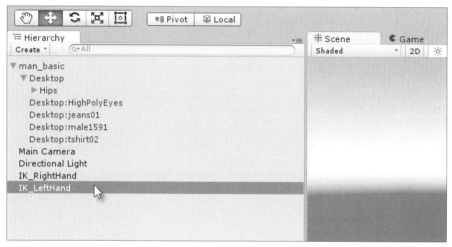

빈 게임오브젝트로부터 IK 본 생성

기본적으로 본은 Hierarchy 패널에서 선택하지 않는 한, 뷰포트 내에서 보이지 않는다. 본을 눈에 보이도록 하고 클릭할 수 있게 하려면, 오브젝트 인스펙터에서 큐브 태그 아이콘을 선택하고 오브젝트에 2D Gizmo 표현을 지정하자. 이제 이 본들은 뷰포트에서 보고 선택할 수 있다.

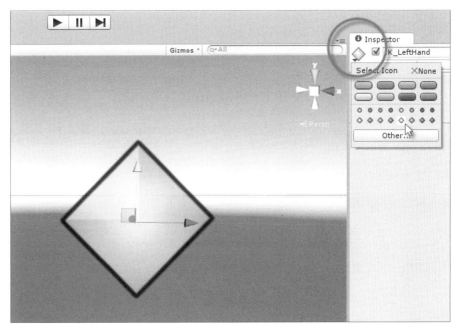

빈 오브젝트 보이게 만들기

씬 내에서 각 본을 움직일 손의 앞에 위치시키자. 왼쪽 본은 왼손 앞에, 오른쪽 본은 오른손 앞에 두면 된다.

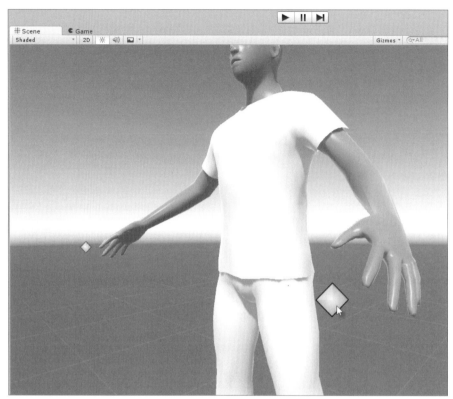

IK 본 위치시키기

새로운 애니메이터 컨트롤러 애셋(animCharControl)을 하나 만들고 Entry 노드를 빈 상태에 연결한다. 빈 상태를 만들려면 그래프 내에서 오른쪽 클릭을 한 후 컨텍스트 메뉴에서 Create State ➤ Empty를 선택한다. 빈 상태가 기본 노드인지 확인하자. 캐릭터 애니메이션과 IK 모두에서 애니메이터 컨트롤러 애셋은 중요하다.

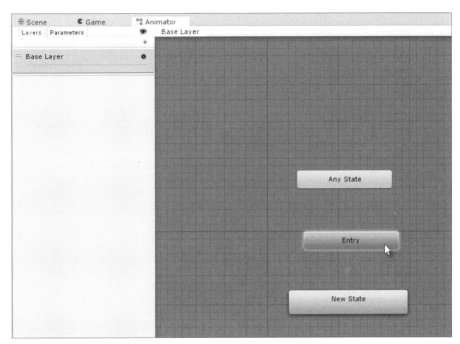

새로운 애니메이터 컨트롤러 애셋 생성

애니메이터 컨트롤러에서 IK Pass를 활성화했는지 확인하자. 그래야만 스크
립트에서 IK를 프로그램적으로 제어할 수 있다. 유니티에서 IK를 사용할 때
기본이 되는 내용이다. 애니메이터 창의 Base Layer에서 톱니바퀴 아이콘을
클릭한 후 IK Pass 체크박스를 선택하면 된다.

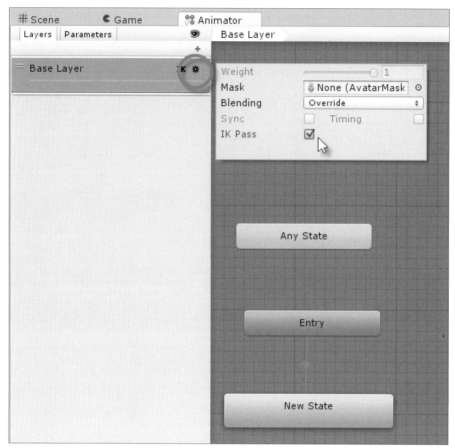

IK Pass 활성화

애니메이터 컨트롤러 애셋을 Project 패널에서 씬에 있는 캐릭터 메시로 끌어
다 놓으면 캐릭터에 컨트롤러가 지정된다.

애니메이터 컨트롤러 애셋을 캐릭터에 지정하기

그리고 나서 다음 스크립트 파일을 생성하고 캐릭터에 연결한다. 이 스크립트 파일은 왼쪽과 오른쪽 제어 오브젝트를 팔에 대한 IK 타깃으로 사용하게 해준다. IK Pass 체크박스가 선택된 상태이므로 애니메이터 컨트롤러 애셋은 자동으로 OnAnimatorIK 이벤트 함수를 호출해 뼈대 중에서 팔의 위치를 잡도록 한다.

```
using UnityEngine;
using System.Collections;

public class ArmIK : MonoBehaviour
{
  public float leftHandPositionWeight;
  public float leftHandRotationWeight;

  public float rightHandPositionWeight;
```

```csharp
  public float rightHandRotationWeight;

  public Transform leftHandObj;
  public Transform rightHandObj;
  private Animator animator;

  void Start() {
    animator = GetComponent<Animator>();
  }
  void OnAnimatorIK(int layerIndex) {
    animator.SetIKPositionWeight(AvatarIKGoal.LeftHand,
leftHandPositionWeight);
    animator.SetIKRotationWeight(AvatarIKGoal.LeftHand,
leftHandRotationWeight);
    animator.SetIKPosition(AvatarIKGoal.LeftHand, leftHandObj.
position);

    animator.SetIKRotation(AvatarIKGoal.LeftHand, leftHandObj.
rotation);
    animator.SetIKPositionWeight(AvatarIKGoal.RightHand,
rightHandPositionWeight);
    animator.SetIKRotationWeight(AvatarIKGoal.RightHand,
rightHandRotationWeight);
    animator.SetIKPosition(AvatarIKGoal.RightHand, rightHandObj.
position);
    animator.SetIKRotation(AvatarIKGoal.RightHand, rightHandObj.
rotation);
  }
}
```

이 스크립트 파일을 캐릭터에 연결한 후 왼쪽과 오른쪽 손 오브젝트를 오브젝트 인스펙터의 각 Transform 슬롯에 끌어다 놓는다. 그런 다음 모든 웨이팅 Weighting을 100으로 설정해 본이 오브젝트에 영향을 주도록 한다.

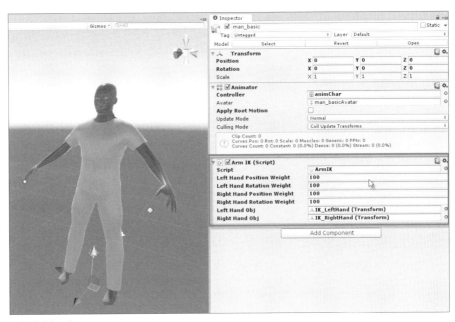

IK 본 웨이팅 조정

이제 테스트를 위해 게임을 실행하고 IK가 동작하는 모습을 보자. 캐릭터는 기본 자세임에도 제어 오브젝트가 있는 위쪽으로 팔이 올라가는 모습을 볼 수 있다.

IK 본 테스트

테스트를 위해 제어 오브젝트를 씬 뷰포트 내에서 움직이면 캐릭터의 손이 이 오브젝트를 따라다니며, 이를 위해 팔이 이동하고 구부러지고 회전하는 모습을 확인할 수 있다. 이제는 스스로 실시간 IK와 애니메이션을 위한 메카님 캐릭터를 설정할 수 있을 것이다.

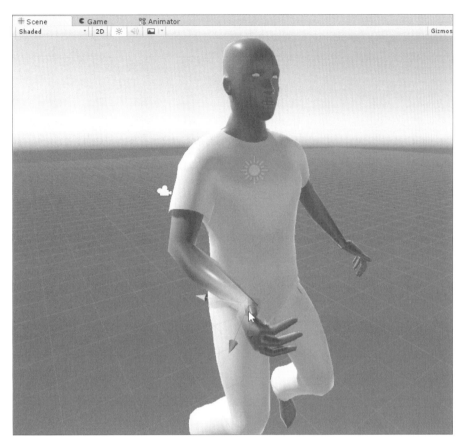

손 위치 잡기

무비 텍스처

텍스터는 3D 표면에 표현되는 이미지를 말한다. 대부분의 텍스처는 2차원 형태의 정적 이미지며 JPEG 또는 PNG 파일 형식이다. 하지만 유니티는 비디오 또는 무비 텍스처 형태의 움직이는 텍스처도 지원한다. 이 기능을 사용하면 무비 파일을 프로젝트로 가져와서 텍스처로 사용할 수 있으며 사운드까지도 재생할 수 있다. 이런 장점 덕분에 컷씬이나 크레딧 화면, 플래시백, 광고 등 특수한 효과가 필요한 곳에 사용하기가 좋다. 하지만 리소스의 크기가 크고 성능에 영향을 주므로 꼭 필요한 곳에만 선별적으로 적용해야 한다. 유니티는 다양한 포맷을 지원하는데, 그중에서도 OGV 형태를 추천한다. 이 포맷과 관련한 추가 정보는 http://www.theora.org/를 참고하길 바란다.

 무비가 OGV 포맷이 아니더라도 VLC 미디어 플레이어 소프트웨어를 사용하면 손쉽게 변환할 수 있다. http://www.videolan.org/vlc/index.en_GB.html에서 무료로 다운로드 할 수 있다.

무비 텍스처를 불러오기 위해 OGV 파일을 유니티 Project 패널로 끌어다 놓자. 그러면 오브젝트 인스펙터 내에 있는 Preview 패널의 Play를 클릭해서 미리보기를 재생할 수 있다.

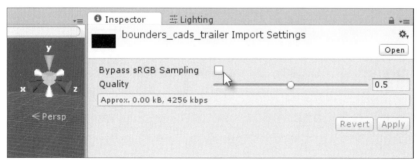

OGV 파일로부터 무비 텍스처 불러오기

다음으로, 실행 시 영상 재생에 사용할 표면을 위해 씬 내에 평면[Plane] 오브젝트를 만들자. 평면을 만들기 위해서는 메인 메뉴에서 GameObject ➤ 3D Object ➤ Plane으로 이동하면 된다. 평면을 만들고 나면 Audio Source 컴포넌트를 오브젝트에 추가하자. 이 컴포넌트는 영상의 소리 재생을 담당한다. 메인 메뉴에서 Component ➤ Audio ➤ Audio Source로 이동하면 된다.

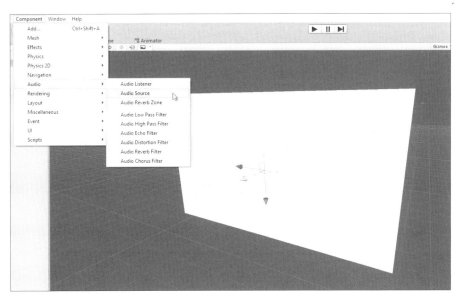

영상 파일 재생을 위한 평면 오브젝트 생성

그런 다음 무비 텍스처를 보여줄 메시에 적용할 새로운 재질을 생성하자. Project 패널에서 오른쪽 클릭을 한 후 컨텍스트 메뉴에서 Create ➤ Material을 선택하면 새 재질을 만들 수 있다. 셰이더 타입은 Unlit ➤ Texture를 선택한다. 이렇게 하면 씬의 조명에 영향을 받지 않고 무비 텍스처를 보여준다.

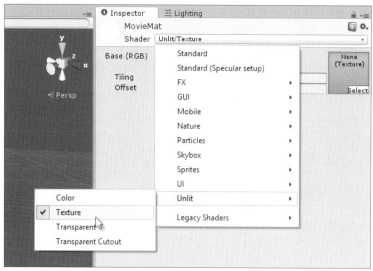

무비 텍스처를 보여주기 위한 텍스처 재질 생성

Project 패널에서 씬 내의 평면 오브젝트로 재질을 끌어다 놓으면 지정된다.

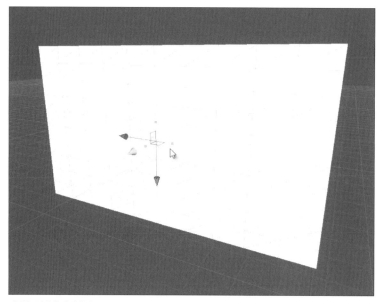

재질을 평면에 지정하기

이제 새로운 C# 스크립트 파일을 만들어서 무비 텍스처와 사운드를 재생해보자. 다음은 이를 위해 필요한 예제 코드다.

```csharp
using UnityEngine;
using System.Collections;

public class MoviePlay : MonoBehaviour
{
    // 재생할 무비에 대한 참조
    public MovieTexture Movie = null;

    // 초기화에 사용
    void Start ()
    {
        // 메시 렌더러(Mesh Renderer) 컴포넌트 얻기
        MeshRenderer MeshR = GetComponent<MeshRenderer>();

        // 무비 텍스처 지정
        MeshR.material.mainTexture = Movie;

        GetComponent<AudioSource>().clip = Movie.audioClip;
        GetComponent<AudioSource>().spatialBlend=0;

        Movie.Play();
        GetComponent<AudioSource>().Play();
    }
}
```

스크립트 파일을 씬 내의 평면에 끌어다 놓고 Project 패널에서 무비 텍스처를 드래그해 Movie Play 컴포넌트의 Movie 슬롯에 놓는다. 이렇게 하면 해당 재질에서 재생할 텍스처가 정의된다.

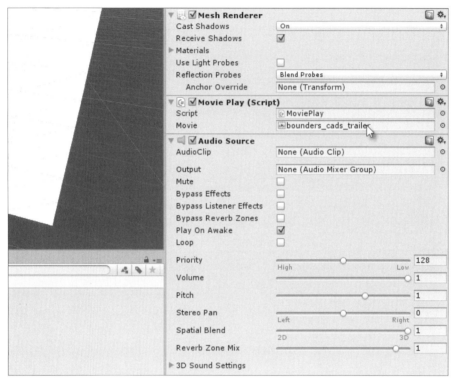

Movie Play 컴포넌트 설정

이제 툴바에서 Play를 클릭해 실행하면 평면에 지정된 무비 텍스처가 자동으로 사운드와 함께 재생되는 모습을 확인할 수 있다. 이제 이 기능을 활용하면 컷씬이나 애니메이션 등 다양한 연출 효과를 응용해 만들 수 있다.

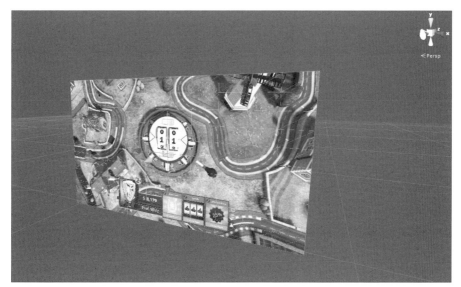

게임 내에서 무비 텍스처 재생

 지금까지 설명한 프로젝트의 완성 버전은 이 책과 함께 제공되는 파일의 Chapter07/ MovieTextures 폴더에 있다.

요약

드디어 이 책의 마지막 장까지 모두 끝냈다. 이제는 모프 애니메이션 등을 위한 블렌드 셰이프, 팔과 다리를 쉽게 움직일 때 필요한 IK, 그리고 컷씬 등을 만들 때 사용 가능한 무비 텍스처 등에 대한 지식을 두루 갖췄다.

그리고 이 책 전반에 걸쳐서 유니티가 제공하는 다양한 애니메이션 기능인 스크립트 지원, 애니메이션 커브, 애니메이션 창, 파티클 시스템, 스켈레톤 리깅, 키 프레임, 인터랙티브 엘리먼트 등을 살펴봤다.

찾아보기

에이콘출판의 기틀을 마련하신 故 정완재 선생님 (1935-2004)

유니티 애니메이션 에센셜

유니티 C# 스크립트로 애니메이션 기초부터 고급까지

인 쇄 | 2017년 1월 19일
발 행 | 2017년 1월 26일

지은이 | 앨런 쏜
옮긴이 | 조 경 빈

펴낸이 | 권 성 준
편집장 | 황 영 주
편 집 | 나 수 지

에이콘출판주식회사
서울특별시 양천구 국회대로 287 (목동 802-7) 2층 (07967)
전화 02-2653-7600, 팩스 02-2653-0433
www.acornpub.co.kr / editor@acornpub.co.kr

ISBN 978-89-6077-973-0
ISBN 978-89-6077-210-6 (세트)
http://www.acornpub.co.kr/book/unity-ani-essentials

이 도서의 국립중앙도서관 출판시도서목록(CIP)은 서지정보유통지원시스템 홈페이지(http://seoji.nl.go.kr)와
국가자료공동목록시스템(http://www.nl.go.kr/kolisnet)에서 이용하실 수 있습니다.(CIP제어번호: CIP2017001491)

책값은 뒤표지에 있습니다.